数字经济时代下新媒体营销策略研究

吴钰萍 著

中国书籍出版社
China Book Press

图书在版编目(CIP)数据

数字经济时代下新媒体营销策略研究 / 吴钰萍著．--北京：中国书籍出版社，2022.11

ISBN 978-7-5068-9297-1

Ⅰ．①数… Ⅱ．①吴… Ⅲ．①网络营销-研究 Ⅳ．① F713.365.2

中国版本图书馆 CIP 数据核字（2022）第 213172 号

数字经济时代下新媒体营销策略研究

吴钰萍 著

丛书策划	谭 鹏 武 斌
责任编辑	彭宏艳
责任印制	孙马飞 马 芝
封面设计	东方美迪
出版发行	中国书籍出版社
地 址	北京市丰台区三路居路 97 号（邮编：100073）
电 话	（010）52257143（总编室） （010）52257140（发行部）
电子邮箱	eo@chinabp.com.cn
经 销	全国新华书店
印 厂	三河市德贤弘印务有限公司
开 本	710 毫米 ×1000 毫米 1/16
字 数	174 千字
印 张	11
版 次	2023 年 3 月第 1 版
印 次	2023 年 7 月第 2 次印刷
书 号	ISBN 978-7-5068-9297-1
定 价	72.00 元

版权所有 翻印必究

目 录

第一章 数字经济与新媒体营销概述 1
  第一节 数字经济概述 2
  第二节 新媒体营销概述 8
  第三节 数字经济时代下的营销新形式——数字营销 11

第二章 数字经济时代下网络消费者行为模式 15
  第一节 网络消费者 16
  第二节 网络消费者与购物行为 21
  第三节 网络营销组合 29
  第四节 网络营销模式 37

第三章 数字经济时代下电子商务模型 41
  第一节 电子商务概述 42
  第二节 电子商务平台的应用型态 46
  第三节 电子商务平台的经营策略 51

第四章 新媒体营销的途径 55
  第一节 微营销 56
  第二节 搜索引擎营销 62
  第三节 软文营销 63
  第四节 短视频营销 75
  第五节 直播营销 86

第五章 新媒体数据分析 95
  第一节 新媒体数据分析概述 96
  第二节 新媒体数据分析工具与平台 107
  第三节 新媒体数据分析推广 114

第六章　新媒体营销的应用领域…………………………………… **119**
　　第一节　企业品牌形象推广……………………………………… **120**
　　第二节　农旅界新媒体营销……………………………………… **123**
　　第三节　美妆界新媒体营销……………………………………… **138**
　　第四节　娱乐传媒界新媒体营销………………………………… **145**
参考文献……………………………………………………………… **162**

第一章　数字经济与新媒体营销概述

　　随着新一代信息技术的发展,加上其与实体经济深度融合,产生了数字经济这一新的经济形态。在经济全球化与信息化大背景下,我国的数字经济迅猛发展,当前应该抓好数字经济带来的机遇,这就要求掌握好大数据、互联网、人工智能、云计算等技术,使这些技术与企业发展融合起来,催生一些新的模式、产业。而随着数字经济的发展,新媒体经济也在不断发展,新媒体营销作为一种新的模式,有自己鲜明的传播特征,因此本章作为开篇,对数字经济与新媒体营销展开分析和研究。

第一节　数字经济概述

一、数字经济的定义与特征

（一）数字经济的定义

1997年，美国提出"新经济"的概念，其包含知识经济、创新经济、数字经济、网络经济。数字经济是新经济观测的一个角度，是信息经济的一部分。信息经济被分为三个层次：第一，信息经济是一种经济形态，它与农业经济、工业经济同级；第二，信息经济属于传统产业，包括第一产业、第二产业、第三产业；第三，从经济活动方面来说，信息经济是指信息生产和服务、信息通信技术的研发，以及信息传输等经济活动。数字经济是信息经济第二和第三层次的子集，它是基于数字技术的内容产业、通信产业、软件产业以及信息设备制造业的产业集群，从生产端看，也包括这些产业的产品与服务。

信息技术对整个社会产生的影响随着科技的发展逐步加深，信息技术融入经济与社会这一过程的定义，在不同的发展阶段产生了各种各样的概念，因此概念混用的情况也时有发生。除了早期的"信息经济"和近年的"数字经济"外，还存在网络经济、知识经济等概念，这些概念因其产生于数字经济发展的不同阶段，分别反映出不同时期人们对信息技术引起的社会变革的不同理解。虽然这些概念在定义和具体内涵上有细微的差别，但总的来说，它们都是在描述信息技术对人类社会经济活动产生的影响。

（二）数字经济的基本特征

数字经济受到以下三大定律的支配：

第一个定律是梅特卡夫法则（Metcalfe's Law）：网络的价值等于其节点数的平方。所以网络上联网的计算机越多，每台电脑的价值就越大,"增值"不断变大。

第二个定律是摩尔定律(Moore's Law):计算机硅芯片的处理能力每18个月就翻一番,而价格以减半数的幅度下降。

第三个定律是达维多定律(Davidow's Law):进入市场的第一代产品能够自动获得50%的市场份额,所以任何企业在本产业中必须第一个淘汰自己的产品。实际上达维多定律体现的是网络经济中的马太效应。

以上三大定律决定了数字经济具有以下基本特征:

1. 快捷性

首先,互联网突破了传统的国家、地区界限,被网络连为一体,使整个世界紧密联系起来,把地球变成了一个"村落"。

其次,互联网突破了时间的约束,使人们的信息传输、经济往来可以在更小的时间跨度上进行。

最后,数字经济是一种速度型经济。现代信息网络可用光速传输信息,数字经济以接近于实时的速度收集、处理和应用信息,节奏大大加快了。

2. 高渗透性

迅速发展的信息技术、网络技术具有极强的渗透性功能,使得信息服务业迅速地向第一、第二产业扩张,使三大产业之间的界限模糊,出现了第一、第二和第三产业相互融合的趋势。

3. 自我膨胀性

数字经济的价值等于网络节点数的平方,这说明网络产生和带来的效益将随着网络用户的增加而呈指数形式增长。在数字经济中,由于人们的心理反应和行为惯性,在一定条件下,优势或劣势一旦出现并达到一定程度,就会导致不断加剧而自行强化,出现"强者更强,弱者更弱"的"赢家通吃"的垄断局面。

4. 边际效益递增性

边际效益递增性主要表现：一是数字经济边际成本递减；二是数字经济具有累积增值性。

5. 外部经济性

网络的外部性是指，每个用户从使用某产品中得到的效用与用户的总数量有关。用户人数越多，每个用户得到的效用就越高。

6. 可持续性

数字经济在很大程度上能有效杜绝传统工业生产对有形资源、能源的过度消耗，预防环境污染、生态恶化等危害，实现了社会经济的可持续发展。

7. 直接性

由于网络的发展，经济组织结构趋向扁平化，处于网络端点的生产者与消费者可直接联系，而降低了传统的中间商层次存在的必要性，从而显著降低了交易成本，提高了经济效益。

二、数字经济发展中的挑战

伴随着技术进步和商业模式的创新，数字经济推动劳动生产效率提升，可以一定程度上抵消劳动年龄人口下滑的影响。同时，随着远程沟通成本的下降，部分服务无须面对面接触也可以实现，服务业可贸易程度提高，进而促进服务跨区或跨境发展，这对未来的经济发展具有重要意义。①

---

① 李拯. 数字经济浪潮 [M]. 北京：人民出版社，2020.

（一）数字经济带来的垄断

现实中哪些数字经济企业是"好"的垄断，哪些是"不好"的垄断，并没有那么分明。它们很可能在开始阶段是"好"的垄断，与创新紧密联系，但发展到一定规模后，往往会利用知识产权、网络效应等构建竞争壁垒，寻求垄断租金，这就有可能阻碍竞争。

因此，判断数字经济是否出现"垄断"，还需要用动态的眼光看待。按照熊彼特的创新理论，垄断和创新有天然的联系，没有垄断的超额收益，就不会有那么大的创新动力。科技公司创新失败的可能性很大，因此需要风险溢价的补偿来吸引创新。超额收益既来自垄断租金，也来自整体市场要求的风险补偿。

从历史经验来看，巨型科技公司的垄断似乎符合上述动态的特征。比如，20世纪90年代，雅虎搜索引擎一家独大，几乎占领了所有的搜索市场，但在谷歌推出搜索引擎后，雅虎的搜索业务很快就被性能更优异的谷歌搜索所替代。如果监管层一开始就强力监管雅虎的搜索业务，限制其盈利，可能谷歌也没有动力推出更好的搜索引擎。类似例子在中国也不鲜见，电商平台京东与阿里尽管构建了很高的行业壁垒，但无法阻止拼多多的快速崛起，同样，爱奇艺、优酷也没有办法阻止抖音成为世界级的流行应用。

（二）贫富分化新问题

历史上，从两百年前的李嘉图到一百年前的凯恩斯，经济学家一直都担心机器替代人。经济学里有个专有名词叫"技术性失业"（Technological Unemployment），即技术进步所导致的失业。这种担心贯穿于历史，一直存在争议。

虽然现阶段数字经济在中国的发展有劳动友好型的一面，但中国也难以避免数字经济加大收入分配差距，数字技术使得明星企业和个人可以用低成本服务大市场，少数个体实现"赢者通吃"。

美国有学术研究显示，过去40年劳动者之间收入差距的扩大，主要反映在（同一行业内）受雇企业之间的差别，而不是职业之间的差别。这背后一个重要的相关问题是数据产权没有明确界定，相关企业对大数据资源免费地、排他性地占有,实际上是独占了关键资源的垄断租金。如何界定大数据产权归属?对于这种垄断租金,应该采取管制方式还是征税方式?如果征税,如何确定税基、税率?数字经济越壮大,这些问题越不容忽视。

与此同时,数字经济也丰富了应对贫富分化的政策工具:数字移民和数字货币。解决区域发展不平衡的传统办法通常是劳动力转移,或者产业转移。数字经济创造了一个新思路,即"数字转移"。例如,大企业将客服中心布局在欠发达地区,劳动力无须转移就可以享受发达地区的辐射带动,这可以看作是"数字移民";数字新基建催生了网络直播、云旅游等方式,将欠发达地区的风土人情、青山绿水等特色资源"运输"到发达地区,"产业数字化转移"增加了当地百姓的收入。数字货币方面,中国人民银行数字货币重点在于发展电子支付手段,但从长远看,数字货币的发展可能对现有金融体系产生颠覆性影响,促进普惠金融发展、降低金融的顺周期性,帮助结构性导向的财政政策更有效发挥作用,更好地平衡效率与公平的关系。

(三)数字鸿沟

数字鸿沟(Digital Divide)又称"信息鸿沟",是指信息技术发展的过程中,由于数字化进程不一致导致的国与国、地区与地区、产业与产业、社会阶层与社会阶层之间在基础设施、居民数字素养以及数字信息内容公开程度上的差异,即信息富有者和信息贫困者之间的鸿沟。

近年来,尽管中国宽带普及率在不断提高,网民数量也在逐年增长,但城乡之间以及东西部之间的数字鸿沟仍在扩大。因为ICT基础设施[①]的滞后,中部和西部居民的数字素养与发达地区相比存在显著差异,如我国东部沿海城市数字化程度相对来说比较高,而中西部地区数字化程度较低。"数字素养"是指获取、理解与整合数字信息的能力,具体包括网络搜索、超文本阅读、数字信息判断与整合能力,可以简单地

---

① ICT:信息通信技术,这种表述更能全面准确地反映支撑信息社会发展的通信方式,同时也反映了电信在信息时代自身职能和使命的演进。ICT基础设施的组件主要包括:主机,供数据访问和存储的计算机系统;软件,包括操作系统软件和应用软件;网络设备,提供设备间互联的通道;存储设备,保存用户数据,并提供对数据的快速访问;备份设备,保存备份的数据。

总结为从数字信息中获取价值的能力。在数字时代,数字素养已经成为各行各业对劳动力的一项基本素质需求,加强数字化教育、提升国民数字素养是中国成为数字强国的重要环节。

此外,数字信息内容公开程度也是造成数字鸿沟的一大原因。数据及信息开放程度低将直接造成民众和企业在获取及应用信息上的困难,进一步拖缓数字进程,影响数字经济的发展。

(四)数据质量

在数据成为核心资源的今天,数据质量直接关系着社会各方对资源的利用效率。ISO 9000[①]质量管理体系将数据质量定义为"数据的一组固有属性满足数据消费者要求的程度"。数据的固有属性包括真实性、及时性、相关性,即数据真实反映客观世界、数据更新及时以及数据是消费者关注和需要的。同时,高质量的数据还需要是完整无遗漏、无非法访问风险以及能够被理解和解释的。

影响数据质量的原因有很多,如数据的多源性,当一个数据有多个来源时,很难保证值的一致性以及更新的同步性。另一个影响数据质量的因素是复杂数据的表示方式不统一、标准不明确,随着大数据的发展,每天都会产生大量多维度异构数据,如何对复杂数据进行统一编码,方便数据之间的兼容与融合,还有待进一步研究。

(五)数字治理面临的挑战

数字经济快速发展,对国内和国际的数字治理也带来了新的挑战。

国内层面,面临个人数据采集和隐私保护的问题。数字经济时代,公权力介入数据监管以及隐私保护已是大势所趋。事实上,备受关注的《个人信息保护法》已于2020年10月由全国人大法工委公布草案并向

---

① ISO:国际标准化组织的英语简称。其全称是 International Organization for Standardization 。ISO 一来源于希腊语"ISOS",即"EQUAL"——平等之意。国际标准化组织(ISO)是由各国标准化团体(ISO 成员团体)组成的世界性的联合会。制定国际标准工作通常由 ISO 的技术委员会完成。ISO 与国际电工委员会(IEC)在电工技术标准化方面保持密切合作的关系。中国是 ISO 的正式成员,代表中国的组织为中国国家标准化管理委员会(Standardization Administration of China,简称 SAC)。

全社会公开征求意见。随着数字经济的发展,隐私保护将会持续成为公共治理的一个重要议题。从公平角度看,立法保护隐私数据是必要的;从效率角度看,隐私保护的关键在于制度,甚至需要制定状态依存的保护制度。

此外,在国际层面,未来可能在服务贸易、国际征税以及数据主权和安全等领域出现新的国际冲突风险。服务贸易冲突容易理解,就像制造业贸易量扩大后会产生国际摩擦,服务贸易量扩大也可能带来纠纷,中国需要积极参与并适应数字经济时代的国际贸易规则的变革。税收方面,针对数字经济绕开现行征税准则的逃、避税问题,国际上讨论比较多的替代性方案是基于用户征税,这需要进行国际协调,以确定各国所属的应税税基。在世界大变局背景下,国际协调难度正在变大。更大的国际冲突风险可能来自国家安全或者说数据主权问题。美国和印度近期对中国平台企业的不友好做法固然存在政治层面的原因,但也反映了一个问题:大数据归属是否涉及主权甚至是国家安全问题?中国在《中国禁止出口限制出口技术目录》中新增"基于数据分析的个性化信息推送服务技术",也印证了大数据及相关技术对维护国家安全的重要性。

第二节　新媒体营销概述

一、新媒体与新媒体营销

新媒体营销是基于特定产品的概念诉求与问题分析,对消费者进行针对性心理引导的一种营销模式。从本质上来说,它是企业软性渗透的商业策略在新媒体形式上的实现,通常借助媒体表达与舆论传播使消费者认同某种概念、观点和分析思路,从而达到企业品牌宣传、产品销售的目的。

通俗地说,新媒体(New Media)是相对于报刊、广播、电视等传统媒体而言的,是利用数字技术、互联网技术、移动通信技术发展起来的新型互动式媒体形态,包括网络媒体、移动媒体等。新媒体营销是借助于新媒体平台,使受众深度卷入具体营销活动中的营销模式。比如,利用

第一章　数字经济与新媒体营销概述

微博完成某话题的讨论,从而提高商业公司的产品知名度,扩大品牌的影响力。

新媒体体系中,微信、微博两大自媒体当前流量巨大,用户居多,是比较易于分享传播的流量平台,所以平时谈到新媒体,一般就理解为微博和微信。新媒体和自媒体的关系,从体量以及所表达内容的丰富程度来看,自媒体更小、更精准,某种意义上是指"一个人的媒体",新媒体则更侧重于平台,或者说渠道。

二、新媒体营销的创新变革

近年来,新媒体已经开始阶跃式发展,同时也出现了一些新的变革。

(一)新媒体赋予用户权利的变革

若要解决新媒体背景下的营销问题,就必须正视新媒体的特征。新媒体赋予用户的种种权利是探索新媒体营销方式的出发点。

首先,新媒体用户由"读"向"写"的转变。在传统媒体中,虽然受众也可以写信或打电话给报社、电视台,但是互动毕竟是少数和表层的。新媒体从"读"向"写"的转变也就是受众从被动接受到主动参与的转变。在互联网出现以后,博客、播客以及自媒体的发展使得受众掌握了一定的话语权,打破了传统媒体单向、线性的传播方式,传统的受众成了信息的发布者,而且可以进行互动。

其次,新媒体用户由"大众""分众"向"适位""碎片化"转变。在以广播、电视和报纸为代表的传统媒体时代,受众人数众多、成分复杂、分散在不同地区,受众在暗处,不利于传播者及时全面地了解他们的态度和需求等。当个人博客、网络视频、互动电视等新媒体涌现时,用户可以个性地传播自己关注的内容,同时也可以根据自己的喜好和需求主动索取及定制媒介产品,因此用户走向了"适位"和"碎片化"。

(二)广告向深度和广度发展

首先,植入式广告在新媒体中更凸显其地位。植入式广告与传媒载体相互融合,共同建构受众现实生活或理想情境的一部分,将商品或服务以非广告的表现方法,在受众无意识的情态下,悄无声息地灌输给受众。因其隐秘的特点,植入式广告还被称为嵌入式广告或软性广告。实际上,植入式广告在社交网站中已经获得了成功,如社交网站开心网的"抢车位"通过用户的深度参与对汽车品牌进行广告植入,无论是人群的关注度还是口碑的好评度都取得了成功。

其次,从一对多的广告到一一定位的"窄告"。百货业之父约翰·沃纳梅克曾说:"我知道在广告上的投资有一半是无用的,但问题是我不知道是哪一半。"这是传统媒体时代的困惑。然而在新媒体背景下,由于技术的进步,这样的尴尬局面是完全可以避免的,因为新媒体追求的受众是精准的。"窄告"是对上网者进行分类,把相应的商业广告有目的地直接投放到对应人群中,增加广告的阅读率,从而开启网络广告定向投放的新时代。

(三)客户订阅(增值服务)成为最终目标

客户订阅这种赢利模式可以分为两个方面。一是所有的信息内容都需要通过付费的形式来获得,如电子杂志以及IPTV。二是其中有一部分基础的信息是可以免费获取的,而如若想获得更多的服务,则要通过现实的货币来购买,最典型的就是腾讯QQ会员服务。在数字技术飞速发展的新媒体时代,对于数字化产品而言,免费和付费的比率刚好颠倒了过来。通常而言,一家网站会遵循"5%定律",也就是说5%的付费用户是网站的所有收入来源,这种模式之所以能够运转下去,是因为提供给95%的用户的服务成本是相当低的,甚至可以忽略不计。

(四)电子商务的新发展

由于新媒体的互动性更强,使得用户与传播者或经销商网上网下的互动交易更加频繁。电子商务是当代信息社会中网络技术、电子技术和数据处理技术在商业领域中综合应用的结果,电子商务与新媒体的碰撞则更体现了技术的先导优势。

伴随着媒体技术、政策的不断进步,电子商务的模式不仅仅限于网络,在互动电视、手机电视以及网络杂志等领域都有出现这种结合的可能性。另外,这样的结合也必然会催生出一系列相关服务链条,如物流业和售后服务,从而构成一条完整的电子商务产业链。

第三节 数字经济时代下的营销新形式——数字营销

一、数字营销的内涵

数字营销又称"网络营销",是企业整体市场营销的重要组成部分,是为实现企业总体经营目标所进行的、以计算机网络技术为基本手段营造数字传播经营环境的各种活动。市场营销中最重要也最本质的是组织和个人之间进行信息传播和交换。数字营销将对我们的生产经营、生活方式产生根本性影响。

数字营销是指依托数字传播渠道,如万维网、电子邮件、搜索引擎、社交软件、移动手机端、数字户外广告等,利用数字化的信息传递性和网络媒体的交互性来进行及时、定制化、低成本的企业营销活动,最终实现企业营销目标的一种现代化市场营销方式。

二、数字营销的基本职能

企业可以通过计算机网络代替传统渠道实现各类营销目标,数字营销的基本职能主要有八个方面:网络品牌、网站推广、信息发布、销售促进、销售渠道、顾客服务、顾客关系、网上调研。

(一)网络品牌

建立网络品牌是企业数字营销的首要任务。对于企业而言,通过网络品牌的建立既可以提高品牌的知名度,扩大潜在消费市场,又可以通过互联网快速树立起企业的品牌形象,增加消费者的信赖感。建立企业的网络品牌第一步就是建立企业的网站,通过企业网站进行一系列推广,促进顾客和公众对企业的认知和认可。如果一个企业希望通过互联网来增加销量,那么网络品牌建立便是该企业最应该要做的事。燕塘牛奶是广州人民熟知的牛奶品牌,"一人一杯燕塘牛奶,人人开心晒"的广告词在广州地区已深入人心,一直都有着不错的声誉与销量。燕塘牛奶也希望像伊利与蒙牛一样,扩大自己的市场,不再只专注于广州。为了减小开拓市场的营销投入,燕塘牛奶希望通过互联网来进行全国市场的销售。于是,燕塘牛奶以劲爆特价"1元1瓶"在某电商商城上进行销售,本以为会得到极佳的现场反馈,可是最后销量还不到两百瓶。为什么燕塘牛奶在网络上没有达到很好的销量?主要原因就是燕塘牛奶的品牌只在线下得到了认可,也就是只有广州地区的消费者知道并且认可这个牛奶品牌,而在网络上,绝大多数人都没有听过这个品牌。因此,当大家看到这个"不知名"的牛奶只卖1块钱一瓶,不但不会产生购买欲望,反而会对这个品牌的产品品质产生怀疑。所以,如果燕塘牛奶希望通过网络来扩大自己的市场,进军全国,它要做的第一件事情不是进行特价销售,而是打响自己的网络品牌,通过在网络上建立品牌来引起顾客的关注与购买。

(二)网站推广

网站推广也是数字营销的基本职能之一,然而数字营销并不是只有网站推广。网站推广的目的是让企业的网站获得更多人的关注,也就是提高企业网站的访问量。这对大多数中小型企业而言都是极其重要的,因为通过其他的渠道来进行营销信息的发放往往需要投入大量的资金,同时机会非常少,而如果企业自身官网就能带来足够的浏览量,就可以大大减少营销投入,还可以全面按照企业的需求进行宣传与营销。

(三)信息发布

数字营销就是以数字网络作为载体进行各类营销信息的发布,所以通过网站、邮件等各种网络平台来进行营销信息的发布也是数字营销的基本职能之一。利用网络来进行信息发布最大的优势之一就是具有极高的精准性,即企业可以通过网络信息发布将营销信息精准地送到目标顾客的手中,而这种"精准性"可以通过企业的内部资源与外部资源两种渠道实现。

(1)企业的内部资源往往是企业顾客在企业网站注册时所留下的

一些联络方式信息，如邮箱，企业可以将自己的新产品信息或特价产品信息等发送到企业现有用户的邮箱，实现精准信息推送。

（2）企业除了希望获得现有客户的关注之外，更期待有更多潜在顾客的加入，因此企业可以通过外部资源来扩大精准信息的投递范围。例如，贝乐公司是一家婴幼儿奶粉生产企业，希望通过信息发布来将自己公司销量最佳的产品的信息传递给一些从未使用过贝乐奶粉的消费者。于是，贝乐就与一家销售婴儿床的公司进行了合作，两家公司的目标顾客相同，故此两家公司各自的内部资源对于对方来说都是质量极高的外部资源。通过两家公司合作，各自可以获取大量的外部资源，在进行信息发布推广中，既扩大了信息发布的覆盖范围，又保证了信息发布的精准性，可谓双赢。

（四）销售促进

网络促销是企业通过网络平台运用各种短期诱因鼓励消费者和中间商购买、经销企业产品和服务的促销活动。例如，通过定时秒杀、每日上新等促销活动，刺激消费者对网站产生"每日必逛"的欲望，增加消费者购买产品的机会。

（五）销售渠道

数字营销的渠道应该本着让消费者方便的原则设置。为了在网络中吸引消费者关注本企业的产品，可以联合其他中小企业的相关产品作为自己产品的外延，相关产品的同时出现会更加吸引消费者的关注。现阶段的数字营销早就突破了早期单纯的营销功能，实现了"营销—销售"一体化，因此，具备了交易功能的企业网站便是企业一个可以低成本控制及把握的销售渠道。利用自己官网进行销售虽然可以大大降低渠道成本，但对网站的访问量与安全技术的要求是非常高的，有很多产品消费者不会通过打开各个企业的官网来进行产品的挑选。所以，并不是所有企业都会利用自己的官网进行销售，更多的企业会选择一些市场中极具热点或极具影响力的电商平台来搭建网络销售渠道。

（六）顾客服务

企业通过互联网可以更加方便及全面地实现各类客户服务手段。例如，通过设置在线客服，消费者便可以通过联系在线客服解答自己的疑问。如果在线客服不能及时回复，还可以建立 FAQ（Frequently Asked Question），即常见问题解答，自动回复消费者各类常见的问题，建立高效、快速的服务体系。

网络客户服务从成本上来说远远低于传统客服，从效率上来说又极大地高于传统客服，一个淘宝的金牌客服在10秒钟之内可以处理上百个顾客的问题。因此，企业通过数字营销实现网络客服这一职能，既可以降低成本，又可以提高效率，从而提升顾客的体验。

（七）顾客关系

顾客关系的维护一直是企业保持顾客忠诚度的主要手段，在进行顾客关系维护中，利用互联网无疑起到了极大的优化作用。首先，数字营销能很好地实现企业与顾客直接对话与互动。消费者可以到企业建立的官方网站、官方微博、官方微信公众号等各类企业官方网络平台进行留言，而企业也可以通过实时的留言反馈的互动，与顾客保持紧密的联系。除此之外，企业通过顾客网络数据库的建立，可以在数据库中每一位顾客生日的时候，通过定时邮件的发送为顾客送上生日祝福，使顾客心里建立起企业对顾客极为用心的品牌印象等。通过数字营销的交互性和良好的顾客服务手段来增进顾客关系成了数字营销的又一大职能。

（八）网上调研

相较于传统调研，网上调研不仅拥有低成本、高效率的优势，同时还能够更加客观而全面地反映调研结果，并且更加快速而清晰地进行调研结果分析。企业只要通过内、外部的资源，将企业调研问卷发送到对应的顾客邮箱中，便可以轻松获得顾客的反馈结果。除此之外，企业还可以在网站上设置"有奖调研"等在线调研功能，当用户点击进入网站便会被"有奖"二字吸引，从而可以大大提高调研问卷的参与度。

第二章 数字经济时代下网络消费者行为模式

　　21世纪是信息社会的时代,也是互联网迅猛发展的时代。在数字经济时代背景下,网络的发展使得信息更为可靠,也节省了资金、人力、物力等资源的投入成本,一定程度上改变了企业和消费者的联系方式。消费者行为分析是经济学的研究范畴,并且消费心理、消费行为等是企业制定销售策略的基础和关键。面对电子商务这种新的消费形式,消费者的消费心理、消费行为表现得更为微妙。也就是说,电子商务的出现,使得消费者的消费方式、消费观念等发生了巨大变化,也为消费者挑选商品提供了更大的空间。本章就主要分析数字经济时代下网络消费者的行为模式。

第一节　网络消费者

一、网络消费者的需求特征

传统市场营销学中的顾客是指与产品购买和消费直接有关的个人或组织(如产品购买者、中间商、政府机构等),而网络营销中顾客的概念首先应是指运用网络实现购买行为的网民。网络营销与传统营销所面对的顾客的区别在于,他们运用更便利的网络技术,有较高的文化程度,年龄集中在青少年和青年以及有能力掌握新知识的中年人,他们都拥有对新事物的好奇心理。

在网络技术条件下,消费者的需求出现了新的变化,消费者的消费行为与网络密切相连。消费者可以通过互联网获得企业产品和服务的有关信息,并将自己的需求通过网络传递给企业,企业根据消费者的需求设计、生产消费者所需的产品和服务,企业与消费者是一种互动的关系,这就决定了消费者需求具有以下新特征:

(一)消费者需求的个性化更加突出——差异细化到个人

在传统形式的消费市场中,生产、销售与消费是脱节的,消费者只能在自身所能接触到的市场上选择自己需要的商品,这些商品是企业为市场提供的,消费者对商品的满意程度只有通过购买或拒绝购买来表达。企业生产的商品要经过销售渠道将商品流转到消费者手中,消费者只有在销售的过程中才能看到商品、了解商品,而在企业研制和生产产品的过程中,消费者无法知道有什么产品。尤其在消费品市场上,消费者与生产企业之间无法直接联系,只有通过中间商传递市场信息,企业只能假设消费者群体有共同的需求。企业提供产品主要是满足大众群体的需求,以便在规模化生产中降低成本,取得效益。

在现代社会,由于人们生活水平的提高、消费观念的更新,需求的个性化倾向越来越明显,市场划分越来越细,生产企业不断为市场提供小批量的商品满足人们的个性化需求,这在以往的传统经营中是无法想象的。

(二)消费者需求的直接性和主导性

消费者通过网络直接与企业进行信息交流。企业在网页上可以提供产品、技术、价格等有关信息,消费者可以在网上了解这些信息;同时,由于网络的互动性,消费者还可以将自己的需求信息直接传递给企业,使企业得到消费者的需求信息,甚至是宝贵的个人资料,使企业原来很难做到的市场调查在互联网上轻松实现。进而企业可以在顾客第一手资料的基础上进行市场分析、市场细分和目标市场的选择,在目标市场上开展各种市场营销活动。由于互联网提供了信息双向沟通的条件,使消费者可以直接参与企业产品开发、塑造品牌形象、制定价格策略与促销策略的营销活动中,提出自己的意见和建议。消费者对企业营销活动的反应,直接影响企业营销策略的变化,企业可以随时根据消费者的反馈信息、围绕消费者的需求调整营销策略。有些网络公司实行的网上竞价,就是让消费者自己确定价格,通过互联网了解消费者对公司营销活动的看法,以不断地随市场的变化进行营销策略的整合。

(三)消费者需求在更加广阔的市场上得到充分满足

互联网打破了传统企业划分市场区域的概念,市场的范围在网络连接下跨越了时空。以往的消费需求只能在有限的市场空间实现,供需之间沟通不好,企业的产品进入某一市场,该市场上有需求的消费者知晓后才能够购买到;有的产品,虽然企业生产出来,可能会因营销渠道不畅或者企业决策有误,产品进入不了存在消费需求的市场,也无法送达消费者的手里,消费者的需求受到市场范围的限制。网络时代为消费者需求的满足提供了更广阔的市场空间。

二、网络用户决策行为流程 AISAS 模型

在传统媒体时代与互联网初期,行业广泛采用的是 AIDMA 模型,即 Attention(引起注意)、Interest(引起兴趣)、Desire(唤起欲望)、

Memory（留下记忆）、Action（购买行为），强调以媒体为中心，处于向用户单向传递信息的阶段，这是用户消费行为之 AIDMA 模型。

在互联网 2.0 时代（信息与人互动），基于搜索和分享应用的出现，用户对传统媒体的聚焦转到了网络媒体上，信息的来源变得分散，用户的行为由被动变成了主动，AISAS 模型通过"搜索"与"分享"实现企业与消费者之间信息的传递与渗透。

在互联网 3.0 时代（智能互联网），ISMAS 法则（Interest- 兴趣，Search- 搜索，Mouth- 口碑，Action- 行动，Share- 分享）通过"口碑"将网络与实体相互融合，弱化品牌商家主观推送信息的概念，强调消费者的需求与接纳度，并将忠实顾客与品牌忠诚度作为传播的核心。下面主要介绍 4A 广告公司电通所提出的 AISAS 模型（Attention- 注意，Interest- 兴趣，Search- 搜索，Action- 行动，Share- 分享）。

（一）AISAS 模型

一个上网的男士无意间注意（Attention）到了一款看上去不错的商务手机，他也许会带着兴趣（Interest）在搜索引擎或自己常逛的 3C 购物网上搜一搜，如果他觉得产品的详细介绍以及社区内网友的评价都不错的话，一般就会初步建立信心选择购买（Action），当然，前提是他的支付能力是满足的，一段时间之后，他也可能会在社区上写下他的感受（Share）或者发几张图片，分享他对产品的看法，甚至整个购买过程的感受，包括购买中所享受到的服务和为之付出的成本，包括资金成本、时间成本等。

图 2-1　AISAS 模型

第二章　数字经济时代下网络消费者行为模式

1. 引起关注(Attention)

腾讯官方数据显示,80%的微信用户通过朋友圈看文章,这也是公众号增加粉丝的一个主要渠道,所以我们把公众号用户决策的起点定为"(在朋友圈)看到一个感兴趣的标题"。

2. 产生兴趣(Interest)

如果标题够有吸引力,用户会点击进入文章,进行阅读。

3. 主动搜索(Search)

文章内容和排版引起了用户兴趣后,用户会搜索查看公众号相关信息,如名称、简介、历史文章等。

4. 采取行动(Action)

用户结合搜索到的所有信息,对公众号进行综合评判,决定是否关注。

5. 进行分享(Share)

当用户体验非常好的时候,会向其他人分享公众号或公众号文章。
AISAS是网络诞生之后,随着电子商务的兴起,针对互联网时代消费者生活形态的变化而提出的一种全新的消费者行为分析模型。该理论重构了网络时代的消费者行为模式,由传统的AIDMA营销法则逐渐向含有网络特质的营销法则转型。两个具备网络特质的"S"——Search(搜索)、Share(分享)的出现,指出了互联网时代下搜索(Search)和分享(Share)的重要性,而不是一味地向用户进行单向的理念灌输,充分体现了互联网对人们生活方式和消费行为的影响。

新的消费者行为模式(AISAS)决定了新的消费者接触点(Contact Point),媒体将不再限于固定的形式,不同类型的媒体不再"各自为政",

对于媒体形式、投放时间、投放方法的考量，首先源于对消费者与产品或品牌的可行接触点的识别，在所有的接触点上与消费者进行信息沟通。同时，在这个信息沟通圆周的中央，详细解释产品特征的消费者网站成为在各个接触点上与消费者进行信息沟通的深层归宿。消费者网站提供详细信息，使消费者对产品的了解更深入，影响其购买决策，并为消费者之间的人际传播也提供了便利。同时，营销者通过对网站访问者数据进行分析，可以制订出更有效的营销计划。

由于互联网无可替代的信息整合与人际传播功能，所有的信息将在互联网聚合，以产生成倍的传播效果，以网络为聚合中心的跨媒体传播体系随之形成。

（二）用户的变化

互联网与移动应用改变了人们生活、工作、娱乐、学习的方式，在消费者的生活里，除了看电视、看报纸、行车、逛街、差旅等传统行为，收邮件、搜索信息、上论坛、写 Blog 等藉由互联网与手机创造的生活方式，亦已成为消费者的生活环节。

1. 主动性消费的增加

由于互联网为消费者主动获取信息提供了极大的便利，消费者在购买决策的过程中，可以在互联网上搜索、收集商品/服务的信息，将此作为依据，再决定是否买，进行较以前更为理性的消费。数据表明新时代的年轻人已经成为互联网消费的主力军。越来越多的品牌通过品牌升级，融入国风的元素，迎合年轻人的消费心理和消费习惯。

2. 用户地位的改变

中国网民在互联网的身份已经发生了根本的变化。用户不再是信息的被动接收者，而是信息的传播者。

对于企业来说，用户增长红利消失以后，思考如何更好地受到用户的关注才是解决问题的思维方式。

第二节 网络消费者与购物行为

一、顾客知觉价值、满意度与忠诚度

（一）顾客知觉价值

所谓顾客知觉价值（Customer Perceived Value），是顾客评估该商品对他产生的总价值与总成本之间的差异。[1]总价值包括产品功能或心理因素产生的利益，总成本则是顾客付出的金钱、时间或精力。营销人员可以藉由组合不同的功能、心理因素或价钱，来提高产品对于顾客的知觉价值。顾客在网络购物时，除了产品本身的价值与成本，还包括电子商务情境提供的知觉价值，如可随时上网浏览、比较各网站的商品与价格以及获得网友分享的使用经验等。

另一方面来看，电子商务情境产生的成本，包括只能从网页上看到照片和文字描述、照片可能有色差的问题、产品的质感难以判断、不能马上试用或试穿，甚至可能遇到存心诈骗的卖家，种种风险增加了网友在网络购物时的成本。现在已有许多网络零售商提供 24 小时到货的服务，加上《消费者保护法》规定网购可有七天鉴赏期，不满意可完全退费（并非适用所有商品）。整体而言，电子商务业者藉由提升服务，推出 24 小时快速到货、免运费、可退货来降低顾客的知觉风险，进而提高网络购物的知觉价值。

（二）顾客满意度

所谓满意度（Satisfaction），是顾客对商品是否符合购买前的期望而感到愉悦或是失望的程度。不如预期则满意度下降，达到或超过预期，顾客的满意度则会上升。有些企业会定期实行顾客满意度调查，如软件系统公司追踪顾客对销售人员的满意度，或是产品的满意度。有些企业

---

[1] 王绍荣，等.电子商务：数位时代商机 [M]. 新北：前程文化，2014.

则是在交易完成后调查满意度,如知名的王品餐饮集团,客人用餐后,服务人员便会送上用餐满意度调查的卡片请客人填写。若是客人在某个项目填写不满意,结账时服务人员会询问原因,视情况道歉或送折价券作为补偿。

（三）顾客忠诚度

所谓忠诚度(Loyalty),是指顾客对特定商品的偏好,并有重复购买或推荐给朋友的意愿。忠诚度会受到前述的顾客价值与满意度的影响。高度满意较容易形成高忠诚度。就企业而言,获得一位新顾客的成本,远高于吸引老顾客或维护顾客关系的成本。因此顾客具有忠诚度,并长期或经常性重复购买,企业便能获得更高的"顾客终身价值"（Customer Lifetime Value, CLV）。以顾客关系来建立顾客忠诚度,可藉由顾客数据库管理来维持与顾客的互动,并依据顾客的习性偏好及消费行为分析提供服务或推荐商品。

二、在线购买决策

营销学者依据顾客购买的过程整理出四个阶段:需求确认、信息搜寻、方案评估、购买决策,如图2-2所示。

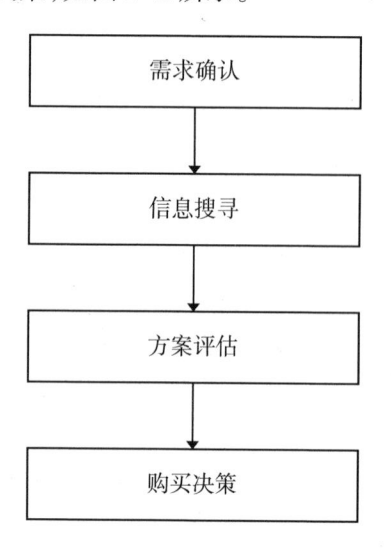

图2-2 在线购买阶段

第二章　数字经济时代下网络消费者行为模式

通过这个基本模式可有效了解顾客购物时的心理现象。然而,对于某些商品,或是不同的客群,顾客可能会跳过一些阶段,或重复几个阶段,然后才决定购买。下面说明在网络情境中,消费者在线购买决策的不同阶段。

(一)需求确认

当消费者认知到一个问题或是有需求产生,便开启购买决策流程。此阶段消费者可能会感到饥饿或口渴的生理反应,或是对产品产生兴趣,想了解产品。网络商品无法提供实体的诱因,如用餐饮的香气来引发顾客的食欲,所以更需要发挥创意,用图片和文案,配合天气、时事、热门关键词或以社群分享来吸引消费者。

(二)信息搜寻

当消费者确认其需求之后,会对信息进行搜寻。实体世界的方式,可能是询问亲朋好友或去逛卖场,在网络上进行信息搜集,可通过官方网站、网络卖场介绍或搜寻引擎获得网络口碑或网友的分享,或是通过观看网络影片等方式来多了解商品。近年来出现多种类型的比价网站、比价软件或APP,罗列同样商品在不同卖场的价格,让网友一目了然。提供比价服务的网站或是软件厂商可以从零售卖场赚取导流或是广告费用。

(三)方案评估

消费者对收集的这些信息进行评估,对品牌差异、卖场差异进行比较。每个产品都带有多个属性因素,例如:
(1)T-shirt:布料材质、设计、价格、到货速度。
(2)行动游戏APP:新奇有趣、话题性、价格、使用平台等。
某些消费者重视功能属性,某些则偏好利益属性,消费者会依照属性的权重组合,形成偏好程度以进行方案评估。营销人员可依据不同的属性偏好来区分市场,设计差异化的营销方案。

（四）购买决策

消费者形成品牌偏好，进入购买阶段后，需要再进行五个子决策，如图 2-3 所示。

1. 选择品牌

针对网络原生品牌而言，消费者选择该品牌也就是选择到官网去购买，如近年来知名的女装品牌"太平鸟"。"太平鸟"这一品牌从衬衫、正装、职业装起步，经历了发展休闲男装、创立时尚女装等几大阶段。如今，"太平鸟"已涵盖时尚女装（Collection、Jeans、Trendy 三个产品系列）、乐町女装、风尚男装（包含两个产品系列）、帕加尼（HP）男装、贝斯堡男装等品牌系列，并开设了网络销售平台。

许多品牌商品会在不同的网络零售商店上架，如 3C 产品，会同时在淘宝、京东或其他零售网站销售，也会在实体店销售。国际精品或涉入度高的高单价商品，网友的知觉风险太高，较难在网络上购买。因此，这类品牌通常将网站视为广告通路，或是建立顾客关系的管道。

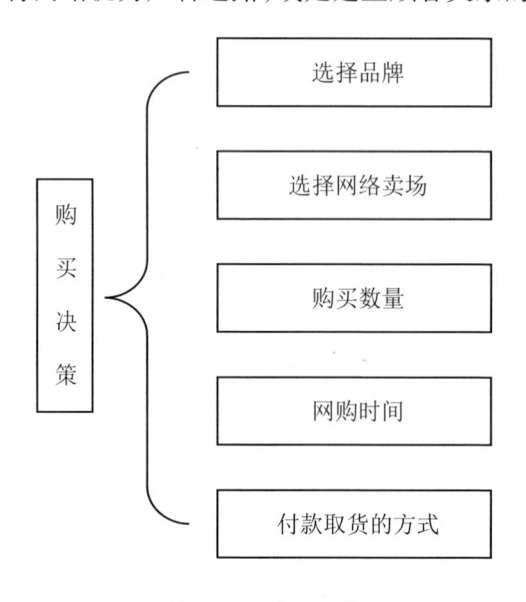

购买决策
- 选择品牌
- 选择网络卖场
- 购买数量
- 网购时间
- 付款取货的方式

图 2-3　购买决策

2. 选择网络卖场

知名零售网站的运营模式健全,顾客购物时则感知风险较低。对于大众化商品,如家庭清洁用品,多数消费者可能会直接选定网络卖场,再选择购买什么品牌的产品。因此,作为通路的网络商店本身便是品牌。例如,当当是国内知名的综合性网上购物商城,当当成立从1999年至今已有20年,有着难以企及的图书基因和足够丰富的图书运营经验。这让当当得以组建一支线上线下绝无仅有的操盘童书的"梦之队":30人的事业部编制规模、所向披靡的实战能力,为当当童书创新运营模式提供了理想条件。通过从选题策划的积极参与和到前期编印发的积极跟进、后期上线的推荐,当当童书可以从多个角度缩减中间环节、降低成本,用最好的价格把最多的好书带给孩子们。这种做法显然已经超出了传统意义上电商企业和零售卖场的"职能范围",也正是这种"梦之队"的"超常发挥"促成了当当童书销售册数提前过亿、奠定了当第一童书平台的市场地位。

3. 购买数量

网络商店通常有免运费的门槛,对于低单价的商品,买家通常会设法达到门槛免付运费,如再选购其他商品,或号召身旁的亲友购买或到社交媒体上号召网友购买。网络团购也因此而形成独特的购物模式。

4. 网购时间

网络零售商店的流量通常在中午、晚上、周末较高,也可能因为天气变化、节日假期、热门话题或名人效应,导致网友上网搜寻与购买。

5. 付款取货的方式

B2C的电子商务网站提供多元的付款方式,如银行汇款或邮局汇款、货到付款、网上银行卡转帐支付、第三方支付平台结算支付。

三、市场区隔与网络社群

市场区隔（Market Segmentation）是市场中有相似需求的顾客群。营销人员确定市场区隔之后，就可以针对不同的顾客群提供更合适的商品或服务。在台湾地区"Yahoo！奇摩"的电子商务有三种模式：网络拍卖、超级商城和购物中心，这三种模式可模拟实体零售的地摊或跳蚤市场、购物中心或商店街以及百货公司。在电子商务或实体零售的这三种模式可视为三种市场区隔的运营模式。此外，许多网络服务或商业软件会推出免费版、学生版或企业豪华版，也是以产品等级进行市场区隔。

可以从地理因素、人口统计变量、心理或行为因素等来区别不同的客群。网络上各种类型的社交媒体自然形成市场区隔，如美妆网站和在线游戏论坛是两种截然不同的社群。社交媒体形成的分众现象，也让营销人员容易确认区隔，可针对目标客群设定营销方案。下面分别说明各种市场区隔模式。

（一）地理区隔

地理区隔可从国家的界线来看，不同的国家有不同的民族性和语言文化；地理区隔也可从都会区和乡村的差异性比较城乡消费行为的差异；或是以天气作区隔，热带、亚热带和温带地区的人民生活习性也不同。在线购物网站需要根据目标客群的生活方式与消费习惯设计适当的营销组合，若是电子商务的目标是跨区交易，营销人员应该掌握不同区隔的消费特性，拟定适当的区隔策略，从而获得跨区域市场互补的效用。

（二）人口统计变数区隔

人口统计是常用的区隔基础，包括年龄、性别、收入和教育程度等。不同的区隔有不同的需求，如银发族有医疗或保健产品的需求，家中有学龄儿童的家长有教育产品或教养知识的需求。网站也可以使用人口统计变量来区隔市场，例如语言学习网站，可在首页就能明显呈现其目

第二章　数字经济时代下网络消费者行为模式

标客群是成年人,或是有升学需求的学生客群。

(三)心理区隔

SRI 机构依据心理学研究,发展出 VALS[①],将顾客分成八种心理区隔的类型,被普遍采用,而且 SRI 机构持续对美国民众作调查,并依据调查结果调整消费客群的分类。八种类型主要可区分为高资源客群:创新者(Innovators)、思考者(Thinkers)、成就者(Achievers)、经验者(Experiencers);低资源客群:相信者(Believers)、奋勉者(Strivers)、制造者(Makers)、生存者(Survivors)。

(四)行为区隔

行为区隔(Behavior Segmentation)是依照消费者对产品的知识、态度以及使用行为来区隔市场。使用行为包括:

1. 场合(Occasion)

消费者在特定场合、节日会使用该商品。例如,卡片销售便可以应用场合的区隔,发展出节日贺卡或是亲友生日贺卡。

2. 寻求利益

消费者希望从商品中获得什么样的利益,可将此作为区隔的因素。例如,消费者选择电子商务网站购买商品时,购物中心提供品牌商品并由知名网站或集团经营,这样的消费者需要的是安全的交易与品牌产品的保障。但是,对于年轻或求变化的消费者而言,选择网拍的小型或特色商家,低价可能是他们最主要的考虑。

---

① VALS 的中文名称为价值观及生活方式调查,是英文 Values and Lifestyle Survey 的缩写。

3.忠诚度

高忠诚度的顾客可为企业稳定运营提供基础。除了产品本身的产品力,企业也提出各式各样的"忠诚计划"来拉拢顾客,持续回购。例如,航空公司会提出里程数换机票的"忠诚计划"吸引顾客持续选择同一家航空公司;信用卡公司纷纷提出各种消费回馈方案。

中百罗森新店开业期结合地区所属分店联合店庆,限量投放"满59减20"优惠券,充分点燃消费者购买热情。围绕"航海王""明日方舟""阴阳师""梦幻西游""Kakao Friends"等著名二次元IP,公司定制了一批卡通折叠扇和口罩礼品,依托集点兑换、购买有礼等形式进行赠送和发放,强化联动高黏性客群,进一步吸引年轻客群到店消费。

4.使用情况

营销人员可以从顾客的使用频率或使用量考虑,将顾客群分为重度、中度及轻度使用者。重度使用者可能只占少数,却可能是重要的收入来源,营销人员可把握二八法则,提供更"有感"的服务。网络服务或是软件厂商会依据使用量提出不同的收费等级和服务。例如,阿里云盘:阿里云推出的首款个人云产品,主打上传下载不限速,用户可参加多种任务得福利,普通用户最高可使用2TB的免费存储空间。阿里云提供2GB的免费云盘,使用者有更高的需求便要付费,由于付费的转换率很低,阿里云便需要在初期设法快速增加使用者,扩大市场,从而在转换率很低的情况下仍能获利。

(五)社交媒体区隔

网络社群的聚集,可能是因为交友、兴趣、娱乐或是求知的因素,聚集在脸书、Blog、论坛或讨论版或YouTube影音分享网站。由于使用者之间的互动,逐渐形成社群,产生明确的分众现象。社交媒体自然产生了市场区隔,营销人员便可针对目标客群进行准确的营销。例如,兴趣讨论社群具有明显的市场区隔:在妈宝网上,新手妈妈会分享讨论怀孕和养育孩子的议题;九游论坛是国内最大的游戏讨论网站,聚集到此论坛的网友绝大多数是游戏玩家;在我国台湾地区最大的3C论坛Mobile01,几乎所有新上市的3C产品,都可在此见到图文并茂的开箱文。由此可见,营销公司会到妈宝网投放婴儿商品的广告,到九游论坛投放网络游戏的广告,或是到Mobile01投放3C商品的广告。

第三节 网络营销组合

当前,许多公司已将品牌在社群媒体中的曝光度作为营销绩效的重要指标。下面分析营销组合中产品、价格、通路以及促销四个方面的内容。

一、产品

产品(Product)是可提供到市场销售,以满足消费者需求的物品或服务。在不同的产业有特定名词表示,如在经济学领域则称为财货(Goods),在零售业或电子商务称为商品(Commodities)。网络销售的商品,消费者不可触摸,闻不到食物的香气、也没有门市人员在现场实时介绍,网络卖家需要为不同类型的商品制作有吸引力的文案、照片或影片,设计安全方便的交易流程,让顾客感到方便安心,便能使消费购买。

虽然有很多的商品不适合在网络上销售,但是人类的创造力与创新能力总是与时俱进,目前认为不适合在网络上销售的产品未来可能有创业家发展出合适的电子商务模式,便再改写网络可销售的产品名单。目前在网络上经常可见的产品至少有如下特质:

(一)规格化实体产品

产品具有固定属性,可标准化。因此不需试用或触摸商品便可在网络购买,消费者不必担心买到质量不佳的瑕疵品,可增加消费者在网站购买意愿,例如计算机3C产品。日常家庭消耗品如清洁剂或卫生纸,可存放食品如泡面饼干,在网络零售提供24小时到货后,也成为网络购物的热门商品。

(二)品牌知名产品

品牌代表着质量的承诺,消费者了解该品牌便有信任感,明显降低买家的交易风险,如日本品牌"无印良品"、西班牙的知名服装品牌 Zara,即使非官方授权代理,由网拍卖家销售,仍能获得买家的信任感。大众化的品牌也代表了明确的规格,如宝洁公司(Procter & Gamble,P&G)是日常家庭用品的代表性品牌。

(三)数字产品

以数字科技呈现的商品,如电子书、MP3 音乐、影片。电子书目前发展最成功的是 Amazon 的 Kindle 电子书,除了专属的阅读器与平板计算机,Amazon 在各种不同的计算机系统皆提供应用程序(APP),让购买 Kindle 电子书的读者可以跨平台阅读,不受载体的限制。

(四)数字服务

数字服务指以数字科技提供的在线服务,如搜寻引擎、E-Mail、电子报、云端硬盘或在线游戏。许多数字服务都以免费的方式吸引网友采用,虽然可以快速产生使用量,然而服务提供者需要建立程序,以赚取利润,才能长久经营。例如,Google 搜寻以关键字广告作为主要的获利来源;MindSpore 是华为开源的全场景 AI 计算框架,可以将天气预报精确到小时,可以随机生成、续写诗句和藏头诗,可以生成无穷无尽的图案,可以操控无人驾驶的小货车进行工业质检,可以说应用非常广泛。

(五)低价低涉入产品

低价低涉入产品指价位不高且消费者对质量不会很在意的产品,如衣服、包包等产品。这类的商品准入门槛低,却是竞争最激烈的红海,是大小型网络零售的必争之地,卖家必须建立清楚的产品定位,并有核心能力维持市场竞争优势。

二、定价

在营销组合中,只有价格会产生营收,其他三项都是成本。价格的确定,牵涉到消费者心理、品牌与产品的定位与生产成本,以及竞争者的价格因素。企业若要调整成本,难度很高,因为会牵涉到上游厂商,整体供应链皆会受到影响。但是企业对于调整价格有较高的自主权,适当的价格策略是与市场和顾客的有效沟通方式,可以使企业获利。

（一）设定价格

企业设定价格可分为六个步骤,如图 2-4 所示。

```
企业设定价格步骤
├── 确认定价目的
├── 预测市场价格
├── 估算成本
├── 竞争者价格与成本
├── 选择定价法
└── 确定价格
```

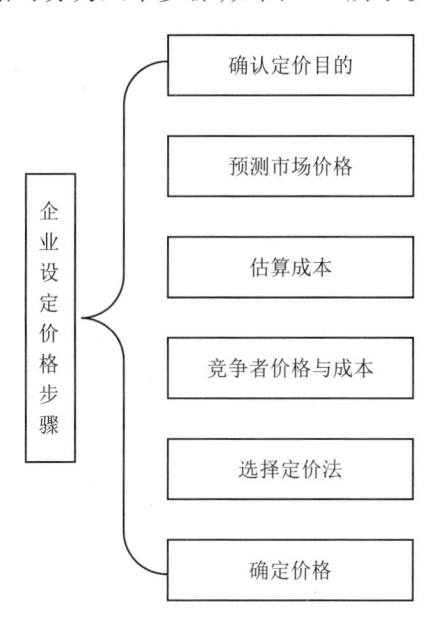

图 2-4　企业定价的六个步骤

1. 确认定价目的

企业营运有其基本目的,具体如下：

（1）生存；
（2）获得最大利润；
（3）扩大市场占有率；
（4）质量领导。

确认定价目的，同时也是在确认产业的定位，企业是否具备技术优势或市场优势。

2. 预测市场价格

根据需求与价格的关系，企业需要预测市场的需求量，以判断市场可能接受的价格范围。

3. 估算成本

企业须从生产、销售及营运的风险等方面估算产品的单位成本，以此作为价格的下限。

4. 竞争者价格与成本

从市场上可以获知竞争者的价格，但是成本的估算较为困难，企业可从自家产品的差异化价值估计本身的价格是否具有市场优势。在电子商务、大型网站可能因进货量大，有很大的议价空间；在销售上可以经营规模来降低管销成本，并提供快速到货、更安全的交易机制，获得网友的信赖。在大者恒大的效应下，中小型或新创网站更需要确认品牌定位，获得竞争的空间。

5. 选择定价法

选择定价法包括多种类型，如加成法是将成本加上固定利润定价法；目标报酬定价法是从企业的角度确定目标报酬；知觉价值定价法则是从顾客愿意负担的价格来定价；水平定价法是依照竞争者的价格来定价；等等。

6. 确定价格

通过前述的阶段逐步缩小价格范围,到最后阶段,可加上品牌、营销组合的考虑,以及企业营运风险等,确定最后的价格。在电子商务的情境中,网友可比价,却不一定会选择最低价的卖家,宁可以略高的价格在最有信任感的网站或是卖家购买。

(二)弹性的价格结构

网络公司在确定价格的过程中也要同时建立一个价格结构,需要考虑的因素如图2-5所示。

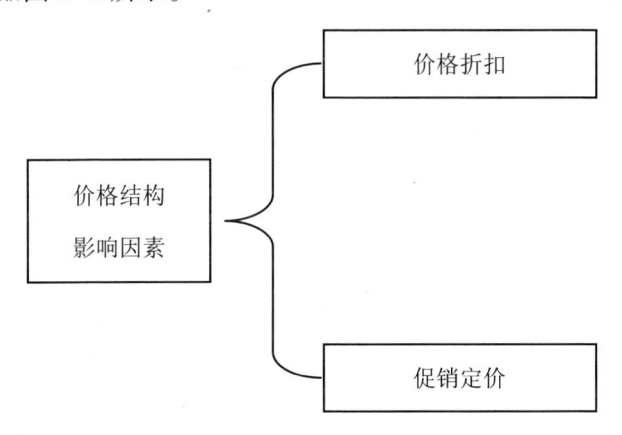

图 2-5 价格结构的影响因素

1. 价格折扣

最常见的电子商务折扣是经由团购的议价方式,网站可以依据进货或生产成本,设定购买数量与折扣优惠的范围。

2. 促销定价

网络零售为了吸引消费者从实体商店转向网络购物,通常会提供比实体销售更优惠的价格,采用的促销定价策略有过季清仓、购物点数或现金回馈等。

三、营销通路

电子商务的销售通路主要是通过网站销售,某些品牌会以实体和虚拟形式进行多通路的销售。此外,网络口碑及社交媒体对品牌和营销的影响力日增,以下将网络营销通路(Channel)分成三大类型来说明:自有通路、付费通路与赢来的通路,如图2-6所示。

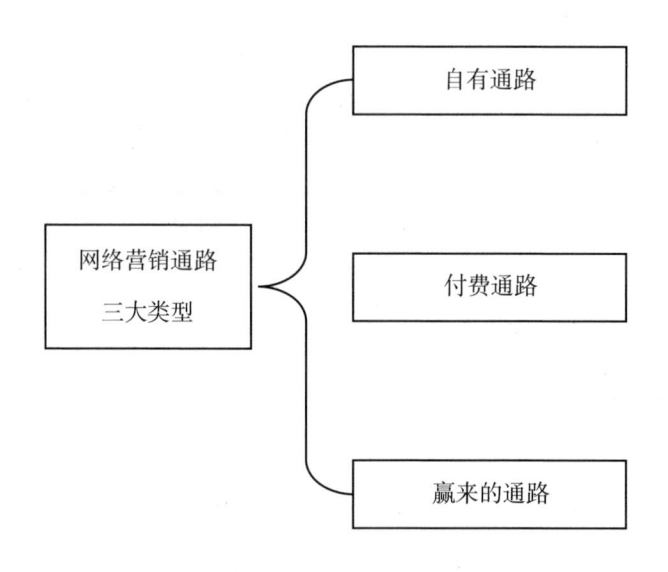

图2-6 网络营销通路的三大类型

（一）自有通路

自有通路(Owned Channels)涉及企业的官网、品牌APP、微信小程序或抖音品牌店等,其目的是维持长期的顾客关系,优点在于可长期营运并得以掌控通路的营运策略,与企业策略同步。然而企业必须投入成本,培养电子商务及社群的专业团队,需要投入资源建立网站。

自有通路需要与企业策略紧密结合,厘清官网的定位,即作为信息公布、提供电子商务交易或是经营品牌的网络社群。许多经营实体品牌的企业也纷纷成立电子商务网站,以获得多通路的整合综效。

第二章　数字经济时代下网络消费者行为模式

（二）付费通路

付费通路（Paid Channels）往往可以划分为两种类型，一是透过广告、搜寻付费等方式，将顾客从其他的网站导入自家网站来进行交易；二是到大型电子商务平台设立网络商店，如淘宝、京东、抖音等。

（三）赢来的通路

赢来的通路（Earned Channels）是透过网络口碑来传播。顾客主动帮你在网络上推荐产品，在大众点评、论坛或小红书上写开箱文、照出美美的照片，分享个人满意的使用心得，甚至用E-Mail告知好友产品的相关信息。因为顾客相信别人真实的经验分享，加上网络快速的扩散效果，让赢来的通路成为效果最好的通路。要创造赢来的通路，关键在于产品力，网友使用后的感受极佳便愿意推荐给他人。此外，企业需要在接触顾客的过程中提供令人满意的服务。

四、推广（促销）

推广（Promotion），或称为促销，指的是卖家在一定的时间内利用广告或促销方案，提高产品的销售量与营业额是网站的点击率与转换率等。推广的方式可分为以下五种，如图2-7所示。

（一）网络广告

利用信息科技来进行产品或服务讯息的传播，如横幅广告或关键词广告，并可利用信息技术衡量成效，提供点阅率与转换率等数字。藉由网友属性变量的交叉分析，营销人员可调整广告方式，以获得最佳的成果。

```
          ┌─ 网络广告
          │
          ├─ 促销
网络推广的  │
五大方式  ─┤─ 直接营销
          │
          ├─ 公共关系
          │
          └─ 策略联盟或导流
```

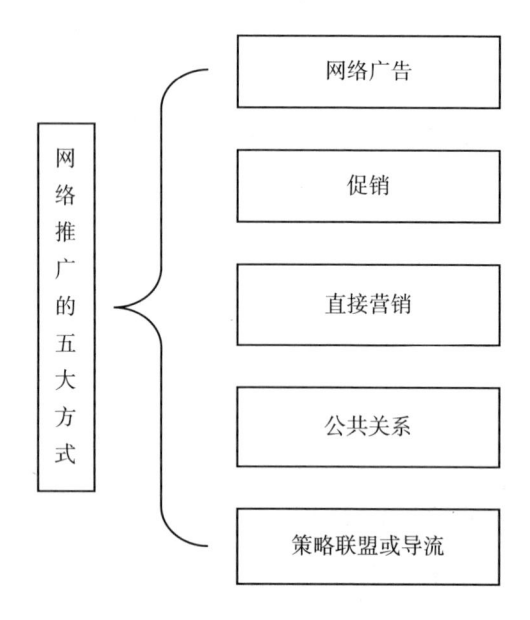

图 2-7　网络推广的五大方式

（二）促销

使用样品、折价券、减价、赠奖或竞赛等方式刺激销售。例如，档期促销的期间，举办买千送百的活动，以吸引网友购物。

（三）直接营销

利用电子邮件为顾客提供个性化的服务或促销信息，适合用于目标营销以及一对一的顾客关系营销中，如顾客生日时寄送生日贺卡或生日专属的折价券等。

（四）公共关系

采用公共关系的推广方式目的是建立企业良好的形象，如企业可以"公益赞助"的方式承诺从顾客消费中提拨一定比例的金额捐赠给慈善团体。例如，共青团儋州市委员会、儋州市工商业联合会、儋州市圆梦青少年发展基金会、儋州市光彩事业促进会将联合开展"顾客消费一笔，商家捐赠一笔"希望工程公益助学活动,通过发动社会力量为2022年家庭经济困难且品学兼优的应届高考大学新生提供助学金,持续搭建低收入家庭的大学生受普惠、得实惠的平台。

(五)策略联盟或导流

网友藉由鼠标点击,即可在不同网站之间游走。因此,网站或是网络商店可藉由策略联盟与其他网站合作,导入流量完成交易,即可获得佣金。

第四节 网络营销模式

一、大众化营销

大众化营销(Mass Marketing)将所有的消费者视为目标市场,没有特定对象或市场区隔的策略。非网络的方式是通过报纸、电台或电视广告,单方面将广告信息传递给社会大众,特点是曝光量大,但是营销成本也高。在网络上施行大众化营销,最常见的是到大型入口网站投放广告,如爱奇艺的首页广告。行动装置的APP也可见到大众化营销的广告。大众化营销逐渐走向传统媒体与网络媒体的整合策略,如许多品牌广告在花了大成本制作之后,在电视上播放一段时间便会下架换新的广告,以保持新鲜感,下架的广告便置放到网络上,可供长期点阅观看。在bilibili(简称B站),上可观赏到历年来精彩的广告,不只是强化品牌形象,也为商品持续带来广告效益。

大众化营销特点如下:
(1)着重品牌与产品的形象和特色;
(2)没有市场区隔、触及的消费者多;
(3)透过重复广告的方式加深消费者印象,并提高品牌认知;
(4)营销成本高;
(5)传统媒体与网络媒体产生综效;
(6)商品大多为知名品牌的大众化商品。

二、在线关系营销

关系营销（Relationship Marketing）是基于持续的关系维护使企业持续获益。企业需要维护关系的对象不只是顾客市场（Customer Market），和企业有往来或对企业有影响的对象还包括内部市场（Internal Market）、潜在员工市场（Recruitment Market）、供货商市场（Supplier Market）、推荐者市场（Referral Market）以及公共部门的影响者市场（Influential Market），六种市场都是企业需要维护关系的重要对象。在网络上要建立良好的外部关系，最有效的方式仍是以连结网络社群来建立良好的品牌形象。

在电子商务的应用上，关系营销的操作需要让顾客在交易过程及后续的使用上感到满意。企业可藉由顾客关系管理来持续强化企业与顾客之间的联系，以提升顾客忠诚度、促成重复购买、在网络产生口碑效应。在做法上可参考下列建议：

（1）电子邮件。可根据顾客提供给网站的个人信息与购物记录，定期寄出新产品介绍或促销信息。

（2）客制化网页。当顾客进入网站，可提供个人化的首页，如Amazon在顾客连接到网页时，会在网页上呈现该顾客的名字，并依照顾客过去的购买记录推荐书籍或其他商品。

（3）在线顾客意见调查。可藉由简单的问题，实时获得顾客对该服务的看法或是态度。例如，Amazon会在回复顾客的在线或E-Mail提问之后，询问顾客这项服务是否解决了顾客的问题。但是网站必须做真实的调查，也就是汇整意见后，对于顾客的问题能有效解决。当顾客感受到网站有真实的改善，会感受到被尊重，这有助于建立良好的品牌印象，对于形成忠诚度具有重要的影响。

（4）在线实时语音或简讯互动。电子商务销售商品的类型越多，顾客可能会有更多不确定问题，让他们难以在网站上购买，转向实体商店。网站可利用在线电话或是简讯软件（如聊天室软件）提供在线实时的服务，可快速解答顾客的问题，并促成交易。

三、许可营销

许可营销(Permission Marketing)这一模式是在消费者答应接收营销信息的前提下,营销人员可提供其商品信息或促销讯息。许可营销的对立面是干扰营销,常在消费者不注意或未事先被告知的情况下出现,往往会令人反感。基于电子商务的情境,寄发电子邮件几乎不需要营销成本,造成滥用的情况;每个人的电子信箱常被广告信挤爆。某些网站在网友连接之后,随即弹跳出大篇幅遮蔽屏幕的广告,却通常是干扰使用者。这些不当的营销方式引发反感,导致无法发挥真正的效益。

电子商务网站应该在基于尊重顾客的前提下来设计营销策略,才能营造良好的顾客关系。在顾客注册时询问接收电子优惠信息的意愿,让消费者自行点选愿意或拒绝。消费者认为该网站所寄送的信息是有用的,且愿意接收,就构成了许可营销。在这样的情况下,从电子邮件接收到商品信息,进而产生购买意愿,才会有助于消费者关系建立。

四、集客式营销

集客式营销(Inbound Marketing)又称为"引入营销",其是应用社交媒体上的品牌或企业内容来吸引网友连接到企业官网。推出这一模式,主要是社交媒体兴盛所带来的机会。企业可在各类型社交媒体制作有吸引力的内容,如微博、公众号推文、抖音等。相较于过去的付费广告(Outbound Marketing),企业制作和购买媒体广告以干扰的方式播放给消费者,但效果却越来越差。付费广告的模式包括电视广告、平面媒体广告、网站横幅广告及E-Mail广告等。

企业要操作集客式营销,主要掌握以下三个原则:

(1)让网友发现你(Getting Found)。品牌制作的内容,或经由社群传播的内容,能吸引网友到你的网站来,也就是能创造流量、导入流量。

(2)转变(Conversion)。网友到访官网之后,要设法让他们愿意留下数据,让企业开始和他们联系,建立关系,成为潜在的顾客(Leads)。企业要把握这些潜在顾客,强化关系,进而成为企业的顾客。

(3)分析(Analyze)。将所有的数据作综合分析,如有多少到访的网友转化成潜在顾客?有多少转化成顾客?藉由分析信息,以修订社群媒体的内容策略与官网的顾客转化策略。

常见的集客式营销例子,如营销人员将品牌制作的微电影,或有趣的广告影片,置放到哔哩哔哩(简称 B 站),供网友观赏。影片结束后会提供链接,或是告知官网或商品信息。另外,抖音上有许多的食记分享,提供丰富的视频及介绍,吸引网友阅读,最后再告知美食店家或餐厅的名字、地点或电话等。

集客式营销的特点如下:

(1)获取新顾客的成本较低。

(2)属于内容营销。

(3)不须靠干扰营销也能吸引消费者注意。

(4)透过顾客引来新的顾客。

(5)营销内容需要有创意。

(6)透过影片、文章或网志发表。

(7)网络上点击率非常高。

(8)顾客会自愿地被获取。

(9)容易成为意见领袖。

(10)顾客主动搜寻。

(11)可产生口碑、病毒营销。

第三章　数字经济时代下电子商务模型

在数字经济时代,随着互联网的不断发展,全球市场以网络的形式连成了一体化的市场。电子商务是一种现代企业经营方法,它运用信息与通讯科技来满足企业经营者与消费者双方的需求,使经营成本降低,产品及服务的质量提高。在实务上,主要是指运用开放的信息网络来进行企业间或企业与消费者之间的商业交易、合同或其他商业活动,这些活动非常广泛,包括信息搜集、购物、贸易、中介、金融、会计、审计、拍卖、谈判、结盟、供应、教育训练、配销等。由此可见,电子商务的交易对象包括了有形及无形的各种商品及服务。

第一节 电子商务概述

商业模式(Business Model, BM)指企业使用资源,提供具有价值的产品或服务给客户,并藉此获取利润与创造企业价值的商业经营方法。商业模式描述企业所能为客户提供的价值,以及企业的内部结构、合作伙伴网络和关系资本(Relationship Capital)、获利来源之规划,如何让企业能够维持长期的竞争优势,并创造比竞争者更佳的经营绩效等要素。BM 的内涵是由企业提供给目标市场与客户群之产品/服务与价值、企业所执行的活动、执行与管理这些活动所需之能力、获利来源、成本结构等核心组件组成,这些组件通常也是决定企业商业模式良窳的关键要素。Al-Debei and Avison(2010)[1]针对过去许多学者对商业模式的描述与构面,提出四个完整的构面来建构商业模式,包含价值主张、价值组态、价值结构及价值财务,如图 3-1 所示,分述如下:

一、价值主张(Value Proposition)

所谓价值主张,指的是针对每一客户群提供特定的产品或服务,能满足目标客群的需求或解决其问题,并让其感受到符合预期的价值。价值主张包含的要素如下:

(一)目标客群

区隔市场中的消费者,并明确列出哪些客户群体会使用该项产品或服务,锁定特定目标客群。

---

[1] 王绍荣,等.电子商务:数位时代商机[M].新北:前程文化,2014.

第三章　数字经济时代下电子商务模型

```
                    商业模式

    价值主张                    价值组态
    ・目标客群                  ・利害关系人网络
    ・产品或服务                ・关键活动或流程
    ・创造价值                  ・客户关系管理
                               ・营销通路

    价值结构                    价值财务
    ・组织结构                  ・成本结构
    ・组织文化                  ・定价模式
    ・信息科技                  ・收益结构
    ・技术设备                  ・潜在获利
    ・核心资源与能力
```

图 3-1　商业模式构面

（二）产品或服务

产品或服务指的是针对目标客群，提出使目标客群满意的产品或服务，而这样的产品或服务能满足或解决目标客群的需求或问题，进而使目标客群满足并感受预期的价值。

（三）创造价值

创造价值指的是企业针对目标客群提供什么价值，或是使用此产品或服务后能从中获得什么价值。

二、价值组态（Value configuration）

所谓价值组态，指企业为达成其提出的价值主张，整合企业内外资源所设计的一系列价值创造的活动或流程（或商业营运逻辑），通过跨组织或不同伙伴间的协同合作，以达成其价值主张。常见的价值组态形式如价值链、价值网络与价值商店。价值组态包含的要素如下：

（一）利害关系人网络

利害关系人网络即企业与合作伙伴之间为有效地提供价值而形成合作关系网络与商业联盟范围。其包含利害关系人（数位时代供应商、生产商、经销商、顾客、政府等）、企业本身在网络中的定位、从关键伙伴中可获得哪些关键资源、伙伴执行什么关键活动（如职务分工）、从这个网络可能获得什么价值交换等。

（二）关键活动或流程

关键活动或流程指的是实现价值主张所需执行的流程，为企业将投入转为产出的实际做法。

（三）客户关系管理

客户关系管理指的是经营与维系公司与其目标客群之间所建立的关系。

（四）营销通路

营销通路指的是企业用来接触目标客群的各种途径，包含企业通过什么方式接触到目标客群？通路如何整合？利用哪种通路最符合成本效益？如何把通路与客户习惯整合？

三、价值结构（Value Architecture）

价值结构是企业提出价值主张与价值组态后，其组织运作、管理所需的基础建设与具备的资源和能力，并做出最有效的资源配置。价值结构包含的要素如下：

（1）组织结构：如企业的层级设计、专业化程度、复杂程度等。
（2）组织文化：系指建立一套企业独特且共享的价值观与信念。
（3）信息科技：软硬件基础建设与信息系统建置等。
（4）技术设备：系指提供专业服务所需的技术与机器设备等。
（5）核心资源与能力：即企业执行其商业模式所需的资源（包含数据、人际网络与互动等）与能力（包含企业拥有的知识、技术与独特能力）。

四、价值财务（Value Finance）

价值财务描述企业为了达成上述三项价值，所需投入的管理成本和获利方式、定价模式与收入结构等。价值财务包含的要素如下：

（1）成本结构：即商业模式中所需投入的资金与费用，其中可能包含关键资源的成本、直接成本、间接成本、规模经济等。
（2）定价模式：对于特定活动所确定的收费方式。
（3）收益结构：系指企业收入来源，可以获得多少收入，以及在产业链中的比例分配等，这些可以从市场占有率、购买频率等方面思考。
（4）潜在获利：每一笔交易能回馈的金额多寡、从关键活动中的哪些地方可以获得等。

一个商业模式可运用信息科技有效整合企业内外部资源与活动，并将其转化成企业价值的系统，该系统主要由上述核心构面及其间连结与动态能力所构成。由于商业模式是一个企业营运系统，一个运作良好的商业模式，不仅其核心构面必须有良好的规划与设计，更取决于各组件的连结关系。假设企业以低成本策略提供其客户价值，则该策略应该在企业执行的活动中反映出来。一个好的商业模式，除了必须了解各核心构面的相互连结外，还必须了解其连结关系与环境间的互动关系，即商业模式应该随着环境改变而快速调整，方能在竞争环境中发觉有利的商业机会,以应对环境变革所带来的威胁与挑战。在动态的竞争环境中,有效的商业模式无法维持长久,商业模式的创新有赖管理者洞察环境的变化(如新信息、知识、科技、政策等)与感知其价值或威胁、灵活应变、领先启动企业创新与变革,以持续创造优势的能力,这些持续发展的能力称为动态能力(Dynamic Capabilities)。

第二节 电子商务平台的应用型态

电子商务(Electronic Commerce,E-Commerce)系指运用信息与通讯科技(Information and Communication Technology,ICT)支持买卖双方间的信息分享、交易执行及关系维持等商业交易活动之模式,或任何经由电子化形式所进行的商业交易活动。常见的电子商务应用可依电子商务交易过程中参与者角色、交易活动与互动方式来分类。简单来说,依交易对象可分成四种型态:企业对企业、企业对消费者、消费者对企业、消费者对消费者;亦可依不同设备与技术发展的应用分为三种型态:因特网商务、行动商务、无所不在商务。

一、根据交易对象划分

(一)企业对企业

企业对企业(Business to Business,B2B)的电子商务,系指企业与企业间通过网络进行电子化交易的行为。B2B应用的领域很广,包括企业内与企业间的因特网商务应用,如供应链管理(Supply Chain Management,SCM)的应用,可大幅提升企业供应链上交易与管理的效率,又如商业快速响应(Quick Response,QR),被美国的成衣制造业用于解决生产周期过长(平均的制造周期约125天),造成存货成本过高或零售缺货率严重的问题。在面对全球化的竞争压力下,许多零售商与制造商也逐渐应用B2B电子商务来强化彼此合作关系,并缩短从制造、配销、零售至消费的周期,以期降低存货成本,增加周转率与降低零售店的缺货率。此外,企业与上、下游经营伙伴建立有效的信息分享与交易平台也是 B2B 电子商务的另一种应用,如中美电子商务网与台塑采购网,这些 B2B 平台提供给相关企业一个良好的电子交易市集,以进行原物料或商品交易等。

(二)企业对消费者

企业对消费者(Business to Consumer, B2C)的电子商务,系指企业通过网络直接与消费者进行商品交易或服务提供。这是最常见的电子商务销售模式,如诚品网络书店提供网站,让消费者可在线浏览书籍信息,进行购书服务等电子化交易,即为典型的 B2C 电子商务。B2C 电子商务之应用领域十分广泛,包括广告(Advertising)、出版(Publishing)、个人理财(Personal Finance)、拍卖(Auctions)、竞标(Banking)、以物易物(Bartering)、旅游(Travel)、电子零售(Electronic Retailing)及电子商城(Electronic Malls)等。B2C 电子商务的商店型态可分为自行生产销售、网络经销商或零售商等。以自行生产销售为例,制造商可以藉由开设电子商店直接向客户销售,不再通过经销商,如美国 GAP 服饰等。以网络经销商或零售商为例,这类电子商店提供不同品牌与众多的商品类别供消费者选择,如 Amazon 等。网络上贩卖实体化的商品与传统的型录购物相似,只是将型录的表达方式改为网页,其中最大的差别是网页上的数字化型录具有互动能力、在线付款且没有空间的限制,在网络上提供商品的相关信息、图片、影片,供消费者参考,可提高消费者对商品的兴趣。因此,通过网络信息能快速且广泛地扩散,有些冷门的商品可能因为网友的推荐,一传十、十传百,而突然变成热销商品。

网络到实体(Online to Offline, O2O)是由 B2C 所延伸出来的一个模式,系指企业通过网络的虚拟方式,将消费者吸引到实体通路来消费,简单地说就是,消费者是在网络上付费,在商店享受服务或取得商品。自 GROUPON[①]崛起之后,开始受到广泛讨论,狭义的定义是消费者在网络上购买实体商店的商品、服务,再实际进入商店享受服务。过去实体商店对网络产业经常采取观望的态度,现在逐渐开始经营,包括与

[①] 最早成立于 2008 年 11 月,以网友团购为经营卖点。其独特之处在于:每天只推一款折扣产品,每人每天限拍一次,折扣品一定是服务类型的,服务有地域性,线下销售团队规模远超线上团队,以美国和欧洲为主要销售地点。

网络平台合作商品,或是自营网络服务。应用O2O的产业愈来愈多元,包括餐厅、美容诊所、按摩Spa、酒吧、运动休闲等。例如,中国阿里巴巴集团在2011年于杭州实行O2O模式的淘宝口碑卡,商家内容来自消费点评网站口碑网,口碑卡付款绑定支付宝,消费者到店后可刷卡确认到店消费,并且回到网站给予评价,完全符合O2O的要素:实体商店的推荐、在线付费、商家也能知道消费者面貌,并进行效果监测,环环相扣的模式,对消费者和商店来说皆具吸引力。

(三)消费者对消费者

消费者对消费者(Consumer to Consumer,C2C)的电子商务,系指买方与卖方均为消费者,彼此间通过网络互动所进行的电子交易行为。C2C网站经营者主要扮演交易中介商的角色,提供一个方便、有效率的交易机制,负责买卖双方信息的汇集及信用评价等制度的建立,但不参与交易过程或物流的工作。C2C电子商务模式最典型的例子是网络拍卖,网络拍卖是一种公开出售的方式,卖方会先开出一个起标价格,然后由有兴趣的人公开出价竞标,每次有人出价,拍卖物品的价格便会相对提高,如果拍卖物品有得标者时,即表示拍卖成功。

(四)消费者对企业

消费者对企业(Consumer to Business,C2B)的电子商务,系指消费者群体与企业间在网络上的电子交易模式,该模式的特色在于交易发起的主导权由厂商转移到消费者手中。消费者可根据自己的需求偏好与预算范围,向企业寻求合适的产品或服务。此外,消费者也可根据某项议题或汇集网友的共同需求,形成一个团体(称为社群),通过集体议价或团购方式向产品供货商采购。C2B模式最常出现在社群网站上,常见的C2B电子商务模式包括集体采购与整合式套餐服务。集体采购(Demand Aggregators)模式的价格会因集体购买而降低,其运作方式可参考爱合购网站的描述;而整合式套餐服务(Supply Aggregators)模式是由一群厂商一起推出商品或服务。

C2B延伸出另一个模式,称为在线团购(Online Group Buying),系指通过平台,不同地域具有相同需求的消费者凝聚在一起,就算彼此不认识,也能利用团购的力量与店家议价,让消费者以低价买到产品。负责发起团购并与业者接洽的网友称为"主购",其他参与团购的成员皆称为"跟团团员",每单项的团购活动称为"开团",团员参与团购活动称为"跟团"。

由一名主购发起团购合购活动,跟团限制条件如购买商品(需为同款商品或是同一个拍卖网站商品)、一定购买的数量门坎(如限定购买物品的数量需大于 20 个,才能享有免运费或折扣优惠)或限制结团时间(如限定开团时间为 7 天或 3 天内即向厂商下订单)等条件。在团购结束时,所有团员都要付同等费用。

二、根据设备与技术发展的应用划分

电子商务依不同设备与技术发展的应用,可分为因特网商务、行动商务与无所不在商务等三种型态。从传统实体商务到因特网商务,最明显的特征差异在于虚拟化交易;从因特网商务到行动商务,最明显的突破在于行动化;从行动商务到无所不在商务,最显著的创新则在于将行动化推向包含普及化与无所不在的整合商务环境。

(一)互联网商务

电子商务应用的起源可追溯到 1970 年,金融机构所使用的电子转账系统,在电子数据交换(Electronic Data Interchange,EDI)的技术兴起后,电子商务的应用范畴逐渐从金融交易扩展到企业间商业交易处理领域,如订货、采购、通关等。近年来,随着因特网与通讯技术的进步,电子商务快速地扩散至民生消费与一般商业应用的领域,包括网络广告、在线购物、网络拍卖、远程学习、在线影音娱乐等。随着电子商务应用的普及与发展,已大幅度改变了企业既有的信息科技基础建设与商业模式,人们对电子商务的观念与期望也随之不断改变。例如,在第一阶段(1994—1997 年)的电子商务应用是以静态内容展示为基础的网站应用;在第二阶段(1997—2000 年)的电子商务发展,除了将原有的信息内容强化外,商业交易已可以通过企业网站或电子交易系统来执行。上述以互联网技术为基础的电子商务应用称为互联网商务(Internet Commerce,I-Commerce)

（二）行动商务

从 2000 年起，随着行动运算技术与行动通讯设备（如手机、PDA 等）的普及应用，电子商务的行动应用概念随之兴起，即所谓的行动商务（Mobile Commerce，M-Commerce），系指运用各种行动通讯设备与无线网络，支持买卖双方间信息分享、交易执行及关系维持等的商业交易活动。由于行动技术具有行动化（Mobility）的特性，让使用者可不受固定式设备（如桌上型计算机）或在特定的地点上网的限制，在行动环境中实时进行电子商务交易，增加使用者的便利性（Convenience）。行动商务运用无线网络与行动设备上网，使用者可以在任何时间、任何地点通过无线网络进行交易，如使用者通过手机上网购物、下载实时讯息与应用软件等，都是行动商务典型的应用方式。因此，行动商务除了具有区域性（Localization）与个人化（Personalization）的特性外，还具有行动设备的可携带性，使服务提供者可通过全球定位系统（Global Positioning System，GPS）或其他科技，精准地找出客户所在的位置、存取与分析该客户的相关信息，进而运用适当的通路（如社群媒体）进行个人化之营销或服务。

（三）无所不在商务

Xerox 实验室的计算机科学家 Mark Weiser 于 1991 年提出无所不在运算技术（Ubiquitous Computing，U-Computing）的概念，强调与周遭环境融为一体的运算，而计算机实体则从人们的视线里消失，计算机被嵌入在各式各样的设备中，以隐藏的形式存在，与人类的生活紧密结合在一起。在这种无所不在运算技术下，人们能够在任何时间、任何地点、以任何方式进行信息的获取与处理。过去几年来，由于行动设备的普及与无所不在运算技术的突破性的发展，使得新一代行动商务应用——无所不在商务（Ubiquitous Commerce，U-Commerce）的研究与发展议题在全球各地被热烈讨论。

无所不在商务，系指以无所不在运算技术为基础，汇集有线与无线的网络设备与信息资源，建立一种整合实体与虚拟的市场，其是一种持续的、无隙缝的串流，包含通讯、内容及服务，并在使用者、企业、供货商以及系统间进行信息、交易、娱乐及财务等商业交易活动的商务模式。因此,在无所不在商务的发展过程中,常常会藉由信息与通讯技术、半导体产业技术,来提供更符合无所不在商务应用的设备研发(例如触控显示器、手机通讯芯片、智能型传感器及接收器等),以提升整体的商务能力。

相较于行动商务,无所不在商务更强调结合情境感知促进(Context-Aware Facilitation)与社会互动(Social Interactions)。情境感知促进系指环境内各对象的设计所提供的示能(Affordance)与线索,让使用者了解可以采取的行为,例如门把(喇叭锁)的设计,让人们看了就知道要扭动门把来开门。在无所不在商务中,社会互动系指环境的设计能依照使用者所处的情境主动提供相关的信息或服务,让其通过商家所提供的信息进行交换与共享,以获得更好的认知体验,达到适时适地的目标。因此,使用者在任何时间、任何地点使用任何设备(Any Device)进行任何服务(Any Service)以及全面安全(All Security)的交易便是无所不在商务最大的特色。U-Commerce的发展延伸并强化了M-Commerce的概念与应用,而在成熟的U-Commerce环境中,人们生活周遭将出现各式各样智能型的工具与接口,不仅可通过各种终端设备与网络技术的整合,充分掌握完整信息,并可进一步提供更有效、实时的个人化服务,以提供人们更好的环境与生活型态。在此环境中,商店可以通过智能型情境察觉技术来掌握特定客户的需求,并提供个性化的商品。

第三节 电子商务平台的经营策略

信息科技彻底改变消费者行为,网络社群与在线通路展现了前所未有的方便、信息与价格优势,电子商务进入全新的局面。掌握社群是电子商务成功的关键因素之一,尤其是善用社群中的意见领袖。因消费者购物前会向亲友咨询或参考网络信息,若能善用意见领袖,便能增加消费者的品牌信任感。社群媒体(Social Media)着重体验、分享与互动,通过社群媒体商务,如Facebook、YouTube、Twitter等进行各式各样商务、互动或营销活动,善用这些社群媒体将使电子商务转型至行动商务或无所不在商务,让电子商务持续创新并发展具有前瞻性的服务,为电子商务带来新的面貌及机会。

成功的网络社群策略如图 3-2 所示。

(1)帮人们彼此结识而降低成本。

(2)帮人们彼此结识以提高他们的付款意愿。

(3)帮人们加强关系以降低成本。

(4)帮人们加强关系以提高他们的付款意愿。

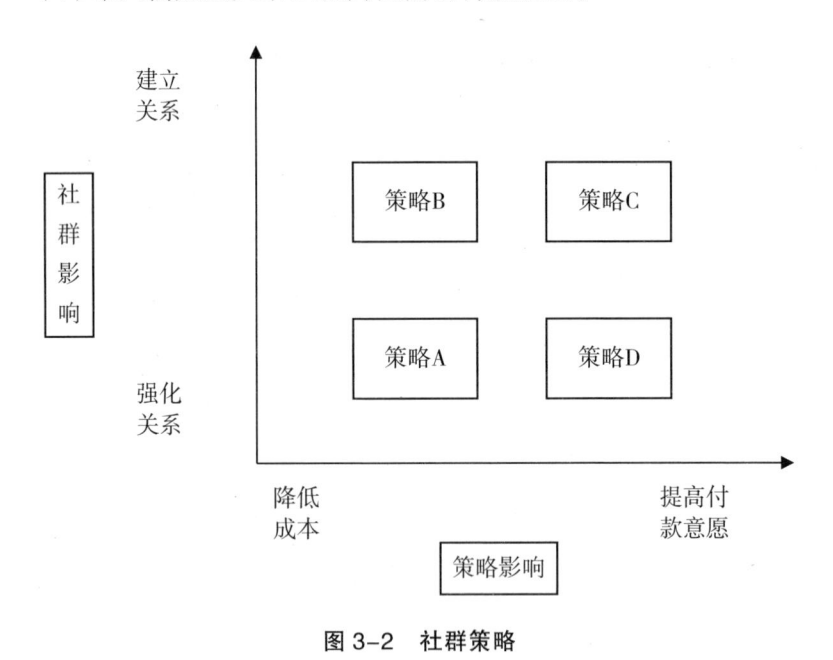

图 3-2 社群策略

一、策略 A:降低成本并强化关系

让消费者以一个借口重新联系友人,做法:邀请友人一起购物,若二人在同一个时间在同一零售店一起购物,会产生额外的红利积点。例如,大众点评推荐吃喝玩乐优惠信息,提供美食餐厅、酒店旅游、电影票、家居装修、美容美发、运动健身等各类生活服务,内容包括消费者对店家的评论、照片等,网友们可以很容易地通过网站找到相关的生活信息,因此能吸引消费者根据该评论决定是否购买,降低购买成本。

例如,新型云端硬盘平台 Copy(复刻)(https://www1.copy.com/

home/）是一款功能类似 Dropbox（多宝箱）和 Google（谷歌）云端硬盘的免费、跨平台、方便又好用的数据同步网络空间，提供 10GB 的免费空间。在 2013 年为了推广服务，推出在活动期间内推荐朋友注册账号，就赠送推荐人与被推荐人 5GB 免费空间，也就是说通过推荐注册的使用者可以直接获得 2 组 5GB 免费空间。

二、策略 B：降低成本并建立关系

送礼方案，如果消费者需要，Xcard（猹卡）将追踪另一名会员购买的物品或购买地点，并根据他们的购物资料，推荐合适的礼物。

做法：给会员诱因，要多去使用 Xcard，建立一个准确的购物记录，以便朋友可以得到建议。

例如，Zynga 开创免费社群游戏 Farm Ville（开心农场）与 City Ville（城市小镇），典型的玩家则是中年女性。用户们可以争取朋友来帮忙，这就符合社群策略的目的，他们可以赠送虚拟礼物给朋友，以及走访朋友的田地来报答他们。用户为了获得机会来重建并维持与朋友的联系，会鼓励其他人加入或重返游戏。Zynga 的社群策略是，如果用户邀请朋友重返游戏，就能让人们与朋友重新联系，降低得到与留住顾客的成本。

三、策略 C：提高付款意愿并建立关系

连结持有 Xcard 高档签账卡的女性主管，这些顾客经常出差，很少有机会和她们类似的朋友往来。

做法：Xcard 团队在各大城市的高档饭店举办只有受邀者才能参加的活动，让这些持卡者在出差时可以齐聚一堂。

例如，美国运通公司以小企业为主要目标客群，推出 OPEN 论坛的网络平台，此平台一个月吸引了超过一百万人次造访。因此，持卡人通过论坛内容彼此联系，建立友谊关系，亦即日后继续举办此相关活动，可以减少顾客流失。美国运通的社群策略是，如果他们继续持有信用卡，企业就能通过帮专业人士认识与他们类似的人来提高持卡人付款的意愿。

四、策略 D：提高付款意愿并强化关系

帮助有幼儿的母亲互动学习。

做法：让妈妈们进入一个专门的社群平台，搜寻曾购买某一产品的其他持卡妈妈，并联系到她们。只有那些同意让别人搜寻自己的妈妈，以及继续使用这张卡片购物的妈妈，才能获准搜寻。

例如，2010 年底，eBay 举办一个揪团赠礼（Group Gifts）网络应用软件，是用来让人们集资为朋友买礼物的活动。一个发起人登录到 eBay 并指名一位礼物收受者，可以直接指名，也可以从 Facebook 的朋友名单中选取一名。发起人选择一个礼物，并在他的 Facebook 页面上贴文，请求朋友做出贡献，加入送礼行动。这个邀请包含一个连接到 eBay 礼品页面，参与者可捐献款项，并写一张小卡片给收礼人；当捐款达到礼品的价格时，eBay 就送出礼品及祝福者的小卡片给收礼人。eBay 的社群策略是，如果他们要求朋友从 eBay 购买商品的话就能通过送礼，使人们巩固友谊，提高人们的付款意愿。

大部分企业专注于满足消费者的需求，而不是社群需求。因此，社群策略的制定需要企业在策略发展方面做根本的变革。企业需依循环境变迁、企业文化、企业目标等采取合适的策略。企业必须审视其社群策略是否与企业目标一致，企业若能持续让策略随环境变化，将会比其他企业更具有竞争力。

第四章　新媒体营销的途径

当前,社会大众手中各种智能终端设备的数量、种类等在不断增加,新媒体的应用和传播具有了良好的渠道和载体,从近些年新媒体的影响力增大也能够看到这一方面。受影响较为明显的是营销工作,也就是所谓的新媒体营销。可以说,在数字经济时代,新媒体营销的出现使得传统的营销行业结构、营销理念、营销平台等发生了重大改变。本章就对新媒体营销的途径展开分析。

第一节 微营销

一、微营销的定义

微营销是以移动互联网为主要沟通平台,配合传统网络媒体和大众媒体,通过有策略、可管理、持续性的线上线下沟通,建立、转化以及强化顾客关系,实现客户价值的一系列过程,如图4-1所示。

概念：微营销是以营销战略转型为基础,通过企业营销策划、品牌策划、运营策划、销售方法与策略,注重每一个细节的实现,并通过传统方式与互联网思维实现营销新突破。

广义：微营销是传统营销与现代网络营销的结合体,在互联网使用中存在有线网络和无线网络,无线网络营销即移动互联网营销就是不用通过网线连接,而是用无线技术连接网络。

狭义：即指微信营销,是伴随着微信使用的火热而兴起的一种网络营销方式。

图4-1 认识微营销

微营销的特征如下:

(一)灵活的管理思维与管理体系

在如今以市场需求为主导的经济时代,消费者的需求呈现出精细化和多样化的特征,促使细分市场日渐成熟。与此同时,在互联网技术快速进步和应用的刺激下,整体市场的发展节奏也在不断加快。在这种情况下,企业需要建立一套灵活的管理思维与管理体系,不断优化内部结构和相关服务,轻装上阵,以自如的姿态应对不可预知的市场变化。

第四章 新媒体营销的途径

（二）快捷高效的营销途径

市场营销作为企业实现盈利的重要辅助环节，被众多企业经营者当作制胜的法宝。然而，传统粗放式推广方法已不能满足精细化市场的营销需求，特别是在企业投资回报率不断下降的情况下，市场亟待出现一种更为快捷高效的营销途径。需求的变化与技术的革新催生了变革，"微营销"正是在此环境下应运而生的。

（三）移动网络精准营销

随着整个互联网经济的快速发展，以网络为传播平台的营销行业如雨后春笋般迅速壮大，其整体服务水平也呈现出阶梯式的增长趋势，并诞生了以移动网络技术为基础的精准营销模式——"微营销"，如图4-2所示。

图 4-2　微营销

二、微营销的主要营销模式

随着技术的不断演进以及思路的不断更新,人们欣喜地发现,手机应用与广告之间的关系正逐渐发生着奇妙的变化,一些创新手机应用的诞生告诉人们,微营销不应该是扰人和烦恼的,反而应该是新奇、方便与实惠的。当然,要做到这些,就必须熟悉微营销的主要营销模式。

(一)广告营销模式

手机媒体是以手机为视听终端、手机上网为平台的个性化信息传播载体,它是以分众为传播目标,以定向为传播效果,以互动为传播应用的大众传播媒介,被公认为继报刊、广播、电视、互联网之后的"第五媒体"。APP是手机媒体中一种更为高级的营销模式,它区别于传统的手机媒体和移动网站,能够达到更好的广告传播效果。

在众多的功能性应用和游戏应用中,植入广告是最基本的模式之一,广告主通过植入动态广告栏链接进行广告植入,当用户点击广告栏的时候就会进入指定的界面或链接,可以了解广告详情或者是参与活动。这种模式操作简单,适用范围广,只要将广告投放到那些热门的、与自己产品受众相关的应用上就能达到良好的传播效果。

以地铁和公交车视频广告为例,地铁和公交车上人多,环境嘈杂。尽管地铁和公交上的广告覆盖人群很广,但是广告到达率实际上并不高,有很多人根本就不看,有些看了也记不住,广告对他们来说只是瞬间一闪,很难引起他们的注意。很多动态媒体广告只是电视广告的移植,连最基本的字幕都没有,多数情况下都是哑剧表演,乘客莫名其妙,自然也就对其失去了兴趣。

针对这种问题,可以使用APP与用户玩一个互动游戏。如果出现某企业广告,可以让顾客用特定的APP进行拍照,因为人们手机都有拍照功能,然后在该APP中进行分享,把动态的视频广告变成用户人生某一时刻的静态画面,同时还可以在其中加入时间、地点、画面、心情,加深用户的印象。另外,对于分享的用户,广告主可以提供赞助奖品。

例如,印美图在微信小店上线了新一代印美图单品,通过紧密结合微信功能的智能终端,提供即时的相片及声音卡打印服务。该产品上线

第四章 新媒体营销的途径

仅6天,销售额就突破100万,成为微信小店首个收入破百万的产品。印美图微信打印机是全球首款微信打印机,使用微信发送你想打印的照片给印美图,印美图立刻将照片制作成一张LOMO风格的卡片。更有趣的是,它创新的"留声卡"功能能让用户在发送相片的同时附上语音留言,所打印出来的LOMO相片卡附上声音二维码让相片也能"说话",成为一段结合图片和当时声音的"记忆",使得相片转送、保存也有了更大的价值。

在这种广告营销模式中,用户看到广告,主动关注广告,广告商的广告也已经影响用户,然后通过用户的签到、分享等互动,这则广告又在社交化网络中借由用户的人际关系完成了传播和影响。最后,用户得到了广告商的激励,广告商的广告也得到了用户的传播,从而达到双赢。

(二)APP植入模式

在免费APP和付费APP这两者间,你会更倾向于选择哪种呢?目前,应用商店里大部分的APP都是免费的,而且越来越多的APP正以广告补贴、应用内购买等形式换取用户的免费使用。

由于前期开发成本很高,许多APP开发者无法实现盈利,必须转而依赖应用内购买或者广告的形式来盈利。因此,开发者应该将开发方向从应用内是否应该有广告转移到"如何把应用内广告做得更有趣、与消费者联系更紧密,对广告主和开发者最有效"的方向。既然广告是去不掉的,那为什么不把它做得更好呢?下面通过伊利的APP游戏道具植入案例来说明如何在APP中植入更加有效的广告。

如今,都市白领或多或少都面临着工作和生活上的双重压力,对于健康、营养尤为看重,也乐于为此"高价买单",伊利锁定这部分人群为重点沟通对象。而时下风靡于白领群体中的流行元素,不可或缺的就是SNS社交网站。白领用户在SNS上与朋友互动交流、分享心得、深度参与APP游戏,同时,规模化的用户群体根据各自的兴趣和喜好形成了不同的圈子,这些都为口碑的扩散和正向体验的形成提供了有力的保障。伊利将"营养舒化奶"设置为"补充体力"的必要环节,用户在使用之后能够瞬间恢复体力,用最直观、有效的方式讲述"舒化营养好吸收"的实际特色。这种巧妙的植入,促使用户切实理解"舒化奶"带给他们的真正价值。

（三）口碑营销模式

口碑营销是指企业努力使消费者通过其亲朋好友之间的交流将自己的产品信息、品牌传播开来。这种营销方式具有成功率高、可信度强的特点。从企业营销的实践层面分析，口碑营销是企业运用各种有效的手段，引发消费者之间对其产品、服务以及企业整体形象进行讨论和交流，并激励消费者向其周边人群进行介绍和推荐的营销方式和过程。

与传统广告相比，口碑营销实现了从关注品牌，产生兴趣，主动搜索，到产生购买意向，分享给他人，影响他人关注品牌这样一个闭环营销过程，而传统广告是从关注品牌，产生兴趣，到渴望拥有，产生品牌记忆，最终实现购买，两者之间的区别在于口碑营销实现了购买后的再分享，购买者与周围的亲朋好友存在商品信息的互动交流，而传统广告则是消费者对商品的接受过程，借助新媒体营销平台便利的社交分享特点，口碑营销会大放异彩。

口碑营销的成功在于如下几点：

1. 鼓动核心人群

核心人群是商品或品牌的忠实消费者或深受品牌文化感染的群体，他们追随某一品牌或商品，而不论是否持有该品牌商品，核心人群乐意向其他人主动宣传该商品，企业一方面调动各种资源来鼓动消费者的购买欲，另一方面大打口碑营销组合拳，通过鼓动不同圈层的核心人群，实现口碑组合，扩大影响力。

2. 简单而有价值

过于正统的口号或赘余的语言会大大增加信息传播的成本，而短小精悍、能够体现产品特点及价值信息的语言，会让产品迅速在人群中扩散开。尤其是在新媒体平台上，传播的信息需要精心设计，有价值而又朗朗上口的短句往往能够迅速引起受众及传播者的传播欲望，而无价值的信息或冗长的句子会失去口碑传播的意义。

3.品牌故事与文化

每一个流传已久的故事都附着着某种情感,这正是故事的魅力所在,企业品牌故事也一样,故事是企业传播声誉的有效工具。无论是企业历史上的成长历程,还是提炼出的经久不变的企业品牌文化,通过故事的包装可以把公司品牌精神具象化,用一个生动的故事讲给受众。虽然故事在流传过程中可能会加入不同人或不同时代的演绎,但要坚守故事核心理念不变。

4.关注细节

影响消费者口碑传播的不仅仅是产品本身或品牌文化,还包括某些细微的地方,避免微不足道的细节错误,认真打磨产品或服务中的每一个环节,让消费者感受到产品的与众不同之处。

5.关注消费者

对消费者持以傲慢态度的企业不会产生良性的口碑传播,在消费者对企业产生信任的那一刻,企业就应当担当起这份信任,关注消费者的需求,为消费者提供意料之外的惊喜是获取消费者好感、赢得口碑传播的基础。

(四)内容营销模式

APP 内容营销模式主要是通过优质的内容,吸引精准客户和潜在客户,从而实现营销的目的。

例如,"孕妇画册"APP 内容包含了怀孕期间准妈妈的身体变化,每周胎儿发生的变化。最重要的是,"孕妇画册"还将告诉准妈妈每周该吃什么食物才有营养,什么食物可以帮助胎儿更好地发育。

微营销比任何时候都需要想象力,抓住想象力是成功的关键。通过科学的方法寻找有价值的产品概念,还需要伟大的创意来表现,从而通过简单而深刻的内容营销传播概念,可以让消费者最直观地认识品牌或产品。

商家可以通过定制"孕妇画册"应用吸引准妈妈们下载,提供孕妇必要的保健知识,用户在获取知识的同时,会不断强化对品牌的印象,商家可以获得精准客户,进而实现营销的目的。

第二节 搜索引擎营销

一、搜索引擎的定义

搜索引擎,一般未经特别说明是指全文索引引擎,即收集了互联网上千万到几十亿个网页并对网页中的每一个文字(关键词)进行索引,建立索引数据库的网页系统。国际最大的全文搜索引擎是 Google,国内则是百度。

当我们输入某个或某几个关键词查找信息时,搜索引擎会在数据库中进行搜寻,如果找到与用户要求内容相符的网站,便采用特殊的算法(通常根据网页中关键词的匹配程度、出现的位置/频次、链接质量等)计算出各网页的相关度及排名等级,然后根据关联度高低,按顺序将这些网页链接返回给用户。

二、搜索引擎营销策略

(一)主动通过搜索引擎查找合作伙伴

通过合作伙伴的特征,然后锁定关键词,利用搜索引擎查找相关的潜在合作伙伴的网站、信息、联系方式等。

假如你是做饰品销售生意的,你想找到更多的货源,就可以在搜索引擎中输入"饰品批发"这个关键词来查找开展"饰品批发"业务的相关公司和企业,然后主动与他们沟通联系。通过与这些企业进行沟通了解、对比分析,就可以找到更加理想的货源。同样的道理,不管你做什么生意,都可以通过特定的关键词,利用搜索引擎找到自己的合作伙伴。

(二)利用搜索引擎带来客户

每天,你的很多潜在客户也都在利用搜索引擎查找自己需要的产品,如何让这些客户通过搜索引擎找到你呢?

大家都知道,输入一个关键词在搜索引擎中查找,都会在很短的时间内出现几十万,甚至上百万个网页。这么多的搜索结果,用户不可能一个一个去浏览,大部分用户都会点击在前几页出现的搜索结果。如果你想让你的潜在客户最先查找到你的信息,而不是你竞争对手的信息,你的网页必须出现在搜索结果的前几页。有两种方法可以实现:一是通过搜索引擎优化,提高网页的质量,使网页自然地在搜索引擎中获得好的排名;二是在各个搜索引擎中投放关键词广告。

第三节 软文营销

一、软文营销的定义

对于软文营销,我们可以这样定义:软文营销,是指通过特定的概念诉求,以说故事、摆事实、讲道理的方式让潜在消费者进入企业设定的思维圈,通过强有力的针对性心理攻击,迅速实现产品销售的营销模式。从本质上说,它是一种软性渗透的商业策略,主要借助文字表达和舆论传播促使潜在消费者认同某种概念、观点和思想,从而达到宣传企业品牌、推广和销售产品的目的。可以说,软文营销是一种生命力极强的广告形式,也是一种很有技巧性的广告形式。

美国传播学家哈罗德·拉斯维尔提出过一套传播模式——5W模式[1],该模式经过不断运用和总结,逐步形成了一套成熟的5W1H分析法,也称"六何分析法"。这种看似简单的分析法,可使思考的内容深度化、科学化。

---

[1] 胡小英.企业软文营销[M].北京:中国华侨出版社,2015.

图 4-3　5W1H 分析法

（一）第一个 W：目的（Why）

目的是软文营销的核心。软文营销同其他任何一种营销方式的目的一样，都是促进产品销售，只是软文的广告方式比较隐蔽，有时候软文会全文介绍某家企业或机构，比如软文《能吃到鱼翅的巴西烤肉店》；有时候产品的名称在软文中会一带而过，比如《一位老板的坎坷红酒创业路》；有时候企业和产品的名称都不会出现，软文只是为企业和产品进入市场而预热，比如系列软文《人类可以"长生不老"》。

（二）第二个 W：对象（What）

你最希望潜在消费者知道企业哪方面的信息、产品哪方面的特性，潜在消费者最需要的产品或服务是什么，那么你就需要在软文中提供什么内容。比如，脑白金的系列软文就全面地解释了脑白金技术，为"今年过节不收礼"的脑白金产品火遍全国奠定了舆论基础。这需要你对自己的产品非常熟悉，对目标消费群体的心理、动机等也都要透彻分析。

（三）第三个 W：地点（Where）

这里的地点主要是指发布软文的渠道。软文几乎无处不在，可以说，有人的地方就有互联网，有互联网的地方就有软文。因此，软文的用武

第四章 新媒体营销的途径

之地相当广泛。微信、微博、博客、空间、论坛、游戏、官网、帖吧、企业网站等平台,都可以为软文所用。软文的内容符合哪个或哪些渠道定位,就可以在哪里发文宣传。

（四）第四个W：时间（When）

软文的发布往往有一个既定的时间安排,比如这一段时间在哪些互联网平台上发布哪篇软文,下一个阶段怎样调整等。当发生热点新闻或事件的时候,比如世界杯、园博会等,我们也可以适当借势,并选择恰当的切入点,随时跟进。

（五）第五个W：人员（Who）

人员有两种指向,一是潜在消费者,二是软文操作人员。在策划软文营销时,首先我们要清楚自己的产品定位在哪个消费者群体,我们的潜在消费者有什么特征。你的目标是谁,软文的对象就要是什么人。比如,《打开明星珠宝箱》这篇软文从标题上来看,其目标消费群就很明确,是对明星及对珠宝首饰感兴趣的女性。

有时候软文会交由企业推广宣传部门操作,有时候软文的运作,如构思、写作和发布等,需要与一些专业的营销机构合作,那么我们就要选择那些行业评价优良的机构操作软文,以保证软文质量。另外,我们还要安排人员做好软文的跟踪和效果评估工作。

（六）最后的H：方法（How）

方法就是软文要怎么写,这是软文营销最见功底的地方,要求我们用最适合的写作手法把产品最独特的地方表述出来,要做到生动新颖,富有可读性,吸引潜在消费者的视线和思维。

二、软文营销的六大要素

软文营销是一种具有顽强生命力和极高技巧性的广告营销方式。软文之所以被称为软文,其核心就在于一个"软"字——绵里藏针,藏而不露,吸引潜在消费者于无形之中。等到你察觉到这是一篇广告的时候,你已经被其中的故事吸引、被其中的情感打动,不知不觉掉入了企业精心设计的"文字陷阱"。

软文营销所追求的是一种春风化雨、润物无声的传播效果。软文营销的文字不一定华丽,内容不一定震撼,但往往能够推心置腹、娓娓道来,用拉家常的方式,让消费者觉得这是在为他们自己的利益着想。软文营销主要通过以下六个基本要素来实现这一目的,这六个要素环环相扣,紧密结合,缺一不可。

(一)本质

从本质上说,软文营销就是在互联网上打广告。这种行为和一般的营销推广方式有着相同的目的,即遵循商业行为的本性,追求以低成本换取高回报。

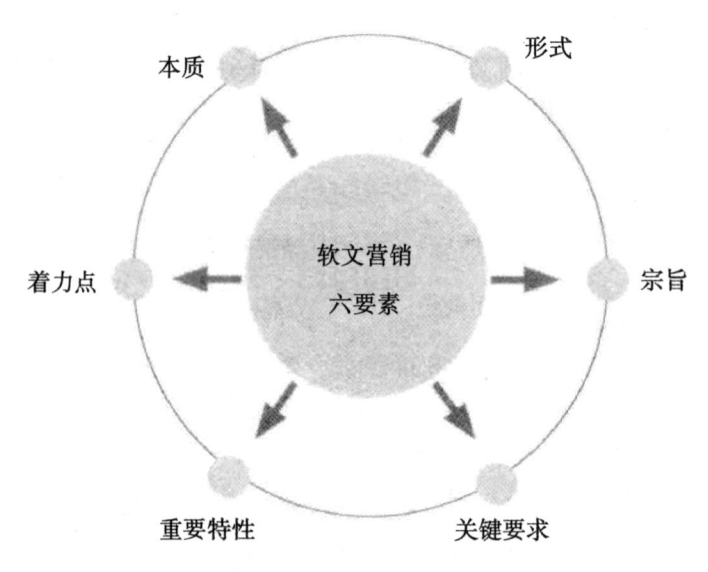

图 4-4　软文营销六要素

(二)形式

形式是软文营销的基本要素之一。通常,产品广告会隐身在新闻、资讯、评论、事件、故事、管理理念、企业文化、技术与技巧以及包含文字元素的游戏等一切文字信息中,其目的在于通过这些内容吸引受众眼球,增加停留时间,强化受众对信息的记忆,进而激发对产品的兴趣,开发潜在消费者。

(三)宗旨

软文营销的最终目的是产生消费者,但这需要建立在制造信任的基础上。无论是通过理论分析得出人类可以活到 100 岁的结论,还是通过明星效应吸引受众眼球,或者通过情感故事赚得网友们的眼泪,软文营销必须获得大家的信任,无论是对于企业的,还是对于品牌的,或者是对于产品的。只有大家相信你了,才有可能最后付诸行动。

(四)关键要求

关键要求是指在软文中,我们要把产品的卖点表述清楚。产品的卖点不同于产品的利益点,它一般是指产品所具备的前所未有、别出心裁或与众不同的特色,可以是产品与生俱来的,也可以是通过营销策划人的想象力、创造力而无中生有的,如"某款产品一上市全球热销 1000 万件"。

一篇软文,不仅要把技术讲得透彻,把故事讲得真实,把信息讲得有用,还要能够让大家了解产品及其卖点,否则很有可能大家对产品只是停留在"哎哟,不错哦"的认知阶段,不会有进一步的了解,更不用说去复制或点击链接、购买产品了。

(五)重要特性

软文营销具有病毒营销的某些元素,都强调软文的口碑传播性。好东西,要分享。在软文中,我们要提供信息,提供价值,提供情感,只有受众获益了,才能形成口碑,软文才能被点赞、评论、分享、转发。之所以强调口碑传播性,是因为一般而言,朋友介绍、分享或转发的东西,别人会更容易相信,也更容易再次把软文链接转发给其他人。这样,无形之中,我们就扩大了软文营销的潜在消费者群体。

（六）着力点

软文营销的着力点指的是兴趣点和利益点。不能激发大家阅读兴趣的软文，不能给大家提供利益的软文，都不是好软文。为了吸引大家的兴趣，可以借助一些时下的热点话题，如世界杯、电影首映等。而一些技术性、知识性的帖子之所以受人欢迎，其根本原因就是给大家带来了利益。

三、软文营销的意义

软文推行几乎是零成本费用，一篇好的软文，能够实实在在为客户提供价值的软文，很容易达成共识，会被读者无限地转发、下载、谈论，引导读者自动检索企业的信息。软文营销的意义如图4-5所示。

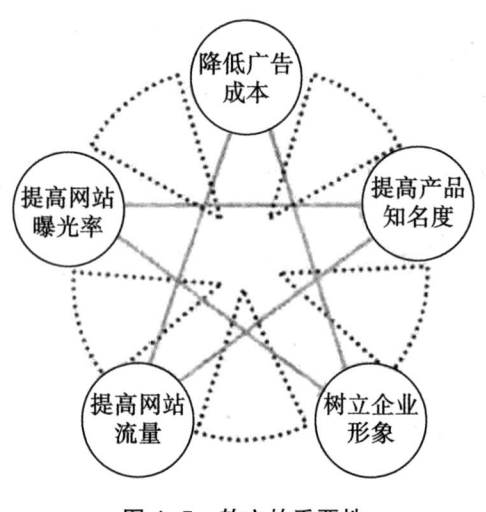

图4-5 软文的重要性

（一）降低广告成本

一般网络广告的成本是非常高的，就拿百度竞价来说，虽然广告效果不错，但是广告费用非常大，并且很容易出现广告费用消耗大、没有显著效果的现象；而对硬性广告来说，虽然能获得较好的流量，但是针对的用户群体不够精准,广告的费用也很高。

然而,一篇软文的价格比百度竞价、硬性广告的费用低得多,并且软文还有一个好处就是,只要是一篇好的软文,读者们会主动免费转载,扩大软文的传播范围,甚至可以变成热门话题,引起网友们的积极讨论,为企业造就声势和提高宣传效果。

(二)提高产品知名度

企业可以运用软文宣传自己公司的形象、洞察用户存在的实际问题,只需强有力地打造一篇好软文,让读者不知不觉产生好的印象,让广大读者相信产品的知名度,知名度有了,无疑是在为企业自身品牌美誉度增加砝码。

(三)树立企业形象

在琳琅满目的营销世界里,企业产品同类竞争是其生存的最大危机,很多企业都有相同的产品、相同的服务,企业想要在这些同类企业中脱颖而出,必须要让消费者印象深刻,而这个印象可以由好的软文来树立,为企业树立一个诚信的品牌、树立一个不一样的服务形象,让消费者记住,这比大量的广告效果都要好。

(四)提高网站流量

一篇好的软文可以为网站带来惊人的流量,而且软文所带来的流量的转化率往往都比较高,可以间接提高网站产品的销量。

(五)提高网站曝光率

一篇好的软文能大大地提高网站的曝光率,如果把软文发布到权重比较高的网站上面,这样会有机会在权重高的网站上留下链接来指向目标网站,不仅可以提高网站的曝光率,还可以增加质量高的外链数量,并且引导权重的传递。

如果在软文中合理地嵌入相关的关键词,可以增加被网友搜索到的机会,那么也自然而然地提高了网站的曝光率。

四、软文营销的设计与策划

(一)通过调研来明确需求

软文营销作为一种营销行为,在进行具体的操作之前,也必须通过调研进行市场分析。通过调研,我们可以分析潜在消费者的特征,更好地策划软文话题、制定正确的媒体策略、吸引潜在消费者的注意,从而保证软文营销活动的准确性。一般来说,软文营销调研可以从内部调研和外部调研两个方面进行。

1. 软文营销的内部调研

首先,做任何一种营销推广活动,了解企业或行业的自身情况,都是最先需要做的工作。在进行调研时,你要了解企业的创业史、管理模式、经营模式、所获荣誉、所参与的公益活动或赞助活动等。了解这些,可以为软文营销提供丰富的素材,尤其是针对新闻型软文来说。如果你要宣传自己的网站,就要了解自己网站的性质,是社交型网站、购物型网站,还是新闻型网站、行业型网站,然后找出网站所有的特点。之所以强调了解自己的企业,主要是因为企业不同,营销需求也有差异,而且营销推广比较忌讳盲目地模仿别人。只有根据自身情况,做出自己的特色,才能更好地树立品牌。

其次,要分析产品的特性。只有对产品足够了解,才能够为软文营销确定最佳的主题和切入点,并成功地将消费者的需求、品位和产品的特性、卖点联系到一起,写出来的软文才可能让读者真正"走心"。比如,如果你的产品是体育用品,那么软文营销所针对的自然是爱好运动的人群;如果你的产品是母婴产品,那么软文营销所针对的自然是年轻妈妈这个人群。

再次,对于软文营销活动的目的也必须明确。不同类型的软文,会给受众不同的阅读感受。如果想将企业广而告之,可以使用新闻型软文,让企业占据头条新闻的位置。如果想通过引导概念带动销售,就需要提升软文的技术含量,并且不要急于求成,甚至可以拉长软文营销的战线。总之,软文的主题、类型、题材等,都必须适应和符合营销目的。

最后,在确定了以上内容之后,要针对软文本身进行调研,以确定营销活动应该采用什么样的主题、类型、素材等,这些因素可以在某种程度上决定软文营销的效果。这一点需要结合软文营销的外部调研而确定,比如,如果我们的目标消费者是"90后",那么软文的语言风格就要符合他们这一人群的语言习惯,使用一些火星文、网络用语等,这样才能拉近和对方的心理距离,产生信任,获得更好的营销效果。

2. 软文营销的外部调研

在互联网思维中,第一思维就是用户思维,或称用户体验。在网络营销学中,用户被放在了最重要的位置。只有深入地分析用户的特点和需求,才能更好地提供服务、满足需求,才能写出真正满足用户需要、促使用户转发的软文。因此,在撰写软文之前,要针对软文所围绕的产品去分析消费者,找到适合产品的精准用户。软文写得再好,目标消费者看不到,等于没有做任何的宣传活动。我们需要了解哪些网站、论坛、博客、微博聚集着自己的精准用户,在这样的平台上发布软文,才会事半功倍,才能真正把企业的钱花在刀刃上。

对企业主要竞争对手进行调研,主要是要了解对方做了哪些软文营销动作,以及其营销活动的效果如何,我们可以以此为参考和借鉴。并不是所有的企业都会自己撰写软文,因此就需要和一些营销机构合作,或者聘用一些软文作者。对这些营销机构、软文作者的资历与作品等,有必要详细了解,以便做出最优的选择。

(二) 软文主题确定

软文策划是一个脑力活儿,但有些人却把它做成了体力活儿,把搜集到的一些资料整合在一起,修饰一下文字,顺畅一下思路,就完成了软文策划工作。这样做出来的软文,十有八九都没有主题或者有主题也不够明确,读者看了之后感觉云里雾里、不知所云,其效果必定会大打折扣。我们常说,谋定而后动,三思而后行,这些格言无一不在强调方向性的重要。不管做什么事情,制度制定也好,计划修正也好,首先要有一个正确的方向,方向错了,以后的路就很难走对。软文营销也是如此。对于软文营销来说,主题就是方向。软文的诉求主题是什么,引文、案例、故事、数据、图片等,就都要围绕着这个主题来选择和组织。

1. 主题明确而集中

软文不会长篇大论,通常不会超过 1500 字,甚至更少。想通过这样的文字篇幅把要表达的信息全部传递出去,需要很好地设计构架、组织内容。我们既要保证内容完整,又要惜墨如金,把笔墨集中地体现在一个主题上。我们总是说软文要注意其针对性,意思就是强调要有一个明确的主题。

2. 挖掘主题

在软文立意的时候,我们可以通过新浪新闻、百度指数以及一些热门论坛去关注一下互联网的最新动态,这可以帮助我们在确立主题的时候获得一点儿灵感。一篇好的软文一定要具备广泛的传播力,如果我们能够通过一些网站找到潜在消费者需要解决的问题或者感兴趣的话题,往往就可以借此挖掘出一个高质量的软文主题。

3. 合理设定主题

软文的主题除了可以从互联网上挖掘,我们也可以自己设定。首先要明白软文的诉求是什么,就是这篇软文的中心论点是什么,也就是要通过软文要宣传什么。比如,行业背景、市场反应、产品优势、消费者对产品的使用心得等,都可以作为宣传对象。

(1) 以利益点为软文主题

简单地说,就是以产品能够带给消费者的利益承诺为软文的主题。我们可以以产品的功效为主题,即突出产品的某种独特功能、效用,通常我们称之为卖点,或 USP(独特销售主张);或者以产品的质量为主题,即在软文中突出产品的优良品质,如 Holison 服饰发表于消费者权益日的关于产品质量的致歉信——《好来西在您身上,您在好来西心上》;或者以物美价廉、经济实惠为主题,为潜在消费者提供直接的物质利益,这种以价格为主题的软文既可以进行高价定位,也可以低价定位。

（2）以精神满足为软文主题

与利益满足相对应的,我们还可以以精神层面的满足为软文的主题,通常这种主题的软文会更容易获得消费者的喜爱。我们可以以培养或改变消费者某种观念为目的制作软文广告,这种软文的目的是引导消费者形成对与促进产品销售或树立企业形象有关系、有影响的认识或关注。比如,以推广品牌为主题的软文,可以帮助消费者建立对品牌形象的信赖度,进而会喜欢上企业的产品。我们还可以以情感为主题,即以满足消费者某种情感需求为主题。情感需求种类很多,如爱情、亲情、友情、闲适、快乐、荣誉、时尚、归属感、自尊心、成就感等。虽然消费者情感需求的满足是以物质需求的满足为基础的,是附加在产品上的,而且往往需要通过某种情境的联想或共鸣才能实现,但情感需求的满足往往比物质需求的满足更容易带动产品的销售。

（三）软文整体结构设计

一篇软文有了好的标题,只是成功了一半。任何一篇软文,都是由多个部分组成的。它通常篇幅不大,短小精悍,言简意赅,如何安排这些部分,怎样使内容更好地衔接,起承转合,环环相扣,有逻辑,有条理,并且充分地利用素材,都是软文策划中要考虑的因素。有了好的结构,文字才能丰满起来,文章也不至于虎头蛇尾。好的软文结构可以让读者更多地吸纳软文所要传递的信息,通过精巧的设计,读者可以了解软文的风格和特色,是情感煽动,还是清新优雅,是客观描绘,还是故事叙述,都可以通过结构完整地体现出来。可以说,结构决定了一篇软文的风格,而且那种符合潜在消费群体喜好的结构设计通常能够瞬间抓住消费者的心。

1. 凤头猪肚豹尾

好文章一定是凤头猪肚豹尾式的,就是一开始要像凤头一样斑斓夺目,内容要像猪肚一样饱满丰富,结尾则要像豹尾一样简洁有力,一篇软文可以据此安排结构。

凤头指的是软文的导语或引言,或者提出一个概念,其目的是引起读者的注意和兴趣,表明软文的主题,说明主题范围、重要性和结果,预览软文的主体部分,表明软文作者的兴趣或观点等。

猪肚指的是软文正文。该部分是软文的主体,在这个部分我们可以按照空间位置顺序、话题展开顺序、因果关系顺序、逻辑推理顺序、问题原因与解决方法顺序等组织内容,或者将主要观点逐一列出。软文正文的描述要清晰而实用,为读者传递价值。具体到内容上,我们可以采取幽默、反复、比较或对照、叙述、举例、总结归纳等描述方式。

豹尾指的是软文结尾。软文的结尾部分主要通过一点震撼和回味,把读者拉回来,与主题相呼应,激发读者参与的兴趣并产生购买的行动。

2. 软文写作的格式

上面所讲的凤头猪肚豹尾写作法,是写文章的通行方法,对这个方法,我们还可以进行细化,构成一个软文写作公式。

(1) 标题与引言要吸引人

引言与主副标题是一体的,起着承接标题、引出话题的作用,一般会概述软文的核心内容,旨在立即抓住浏览者的注意力。浏览者往往只会给我们几秒钟的时间来说服或引导他继续看下去。比如,你可以设计一个离奇的成功故事,再加上具体的数字,然后告诉大家这并不难实现。

(2) 故事与概念的阐述要真挚

在这个部分,可以阐述企业理念、产品概念,可以列举消费者的产品使用体会,即客户见证,可以讲述创业、产品等方面的故事,充分利用大家爱看故事的心理,这种做法可以解除读者的怀疑,提升阅读的兴趣。如果是客户见证类型的,见证内容要贯穿始终,而且要加上最精彩的见证内容。如果写故事,最好以第一人称来写,并注意叙述要平实、感情要真挚、语言要口语化,如软文《一位老板的坎坷红酒创业路》。

(3) 产品推介要强化目标和要点

实际上,产品推介的内容并不是单独列出来的,更多的是融入整篇软文的,但产品推介的目标与要点是相同的。我们可以介绍产品的背景,放大潜在消费者的问题,强化他们对"解决问题的方案"的需要,并暗示给读者我们可以提供这种方案,以帮助他们改善现状、解决问题。

为此，我们需要将产品的主要功能、特色方面的内容植入其中，为加强其说服力，还可以为软文配图，通过功能与特色等方面的介绍，告诉消费者他们可以从本产品中获益，这种益处既可以是物质方面的，也可以是精神方面的。

（4）行动呼吁

在软文的最后一部分，我们可以提出行动呼吁，比如"下次请客或者有人请客，我还来这里！""一举两得，何乐而不为呢？""那么，你还在等什么！"促销型软文则可以直接写明优惠信息，如免费赠送试用品或者产品性价比或者最后期限等，其目的是促使消费者立即购买产品。在软文的最后，你还可以加上网站或网页的链接，虽然广告嫌疑比较重，但在某些网站或论坛，这种做法是允许的。

第四节　短视频营销

一、视频营销的定义

视频营销是指企业或个人将内容以视频短片的形式放到互联网，以达到宣传目的的一种营销方式。目前视频营销的方式主要为广告、宣传片、微电影、网络视频等。视频营销只有通过良好的制作、故事情节以及符合大众的口味才能起到好的宣传作用。

（一）视频营销的特色

第一，视频营销必须足够吸引用户，而这个吸引力很多时候来自趣味性，有趣的视频除了能够带来欢乐，还能让观众自主转发分享，能够有效提高企业的影响力。因此，企业做视频营销时，可以围绕企业文化、产品价值和品牌信息来拍摄，再加上趣味性。但是，目前企业为了吸引人流，仅用视频标题博得观众眼球，可是实际内容又与标题无关，这样的做法是不可取的，严重的会引起观众的反感。有趣的内容应该是贴近生活、符合大众口味、可以反映社会某些现象的，这样才能获得大家的欢迎。

第二,视频营销除了要有趣味性之外,还要有情感和贴近热点。社会热点往往能吸引大众的眼球,视频营销中通过热点冲击人们心灵的东西更能获得关注。

(二)视频营销的优势

视频营销可以说是网络营销中一个非常重要的形式。由于现在越来越多的人使用互联网看视频,同时在互联网的环境下,视频的传播速度更快,也更具有互动性,而且相比电视广告,网络视频的制作成本更低。

1. 制作成本低廉

网络视频的制作相比传统的电视广告,成本非常低廉,一个电视广告的投入大概需要十万、百万,但是一个网络视频的投入就非常低了,几千块就可以制作一个短片。由于网络视频的广泛性,再加之现在的网络自制剧、自制综艺等非常丰富,一个小小的视频广告也能给企业带来无限商机,取得良好的营销效果。近几年,由于网络视频的广泛传播,微电影也逐渐兴起。微电影利用比传统电影简单的设备制作用更短的时长来讲述故事,时间和资金成本都很低。

2. 传播速度快

现在上网的设备更加便利,电脑、手机都更加普及,互联网的传输速度也在不断发展。可以说,现在只要有设备、有网络,全球发生的大事网民都会都了如指掌。网络发布信息迅速,网民分享是让视频迅速传播的基础,也可有效实现营销。

3. 互动性强

与传统营销方式不同的是,视频营销可以实现实时互动。一般视频营销都是在社交网站上进行的,社交网站最大的一个特点就是能够评论互动，因此互动性的提高使双向沟通变得更好。及时的反馈和互动能够有效提高营销的效率，企业可以根据受众的反应进行营销评估、调整战略，进而提升营销的效果和影响力。网络视频的观众可以观看视频也可以对视频进行评论，观众的评论往往能给节目带来热点和议论点，促使其他人加入观看视频的队伍中。互联网上的言论更加自由，人们可以根据自己的喜好对视频进行评价，有争议性的视频更能得到人们的评价，造成火爆的曝光率。

4. 营销精准化

用户可以轻松将视频内容进行转发，分享给朋友，朋友看到喜欢的视频再将其分享，由此，兴趣爱好相近的群体可以联结在一起。所以，视频在兴趣相近的群体间分享，用户可以广泛参与其中，一起讨论，可实现精准营销。

二、短视频营销的模式

短视频大致的盈利模式主要分为直接变现、间接变现及特色盈利模式三种。

（一）直接变现模式

直接变现是指用视频直接获利，这种盈利模式对短视频本身有很高的要求，一是内容质量要高，二是本身传播流量要大。其变现主要有三种模式：一是内容付费，二是签约独播，三是渠道分成。

1. 内容付费模式

几大视频网站对付费会员模式探索的成果让人欣喜，喜马拉雅FM、得到、知乎的付费问答效果也十分显著，越来越多的创业者和投资人都对内容付费的未来充满期待。用户选择为内容付费的原因主要有以下几点：

首先是版权原因，即"这里有其他地方没有的独家内容"。比如，几大视频网站每年砸重金购买大剧和制作优良的独家网剧，就是为了保证自己平台独播版权的丰富，从而拉拢用户付费。

其次是需求原因，这是一种对投资回报的比较心理，就是"我从内容中得到的回报远远大于为内容投入的成本"，这种心理通常表现在知识付费上。比如，某亿万富翁在付费知识平台上的课程标价10万元，号称告诉你如何在一个月内赚1000万元，这种投入与回报的对比就很容易让用户产生付费浏览内容的欲望。

再次是猎奇心理，人总是对与自己平常生活不同的内容充满好奇和，这也就可以解释为什么越是负面离奇的八卦越能引起轰动。比如，一个长发飘飘的美女突然宣布要直播剃光头，出于好奇和刺激，人们也会愿意为这些内容付费。

最后就是对某些人或事物的崇拜心理，这也可以理解为"粉丝经济"带来的红利。公众对于行业精英、明星似乎自然而然有一种崇拜的心理，比如某明星开一次付费直播，自然会有他的"粉丝"进行消费。

相比之下，2017年4月上线的"问视"APP，在短视频付费模式上进行了更积极的探索。"问视"可以理解为视频版"知乎"，答主首先在平台上创建自己擅长的领域和回答价格，当有用户向答主提问时，他需要在3分钟以内的视频里对问题进行回答，而其他对问题感兴趣的用户则可以付费围观。解答收益属于答主，围观收益可以由提问者和答主平分，"问视"平台则对收益抽成10%。[①]

"问视"的CEO表示，短视频和知识付费都是2016年以来的大趋势，但是现阶段，主流短视频平台输出的内容以娱乐为主，对于专业性、知识性的内容关注不够；而在付费知识领域，问答的表现形式还停留在文字和语音上，相比图文、语音来说，短视频作为承载知识的媒介有它独有的优势。

短视频更加有场景代入感，这使得提问者和答主之间的互动性更强。视频还可以多维度地展现内容，比如描述一个建筑，用图文来表现，需要运用各种建筑学专业术语对建筑各部分进行大篇幅阐释，而这种方式对提问者和回答者的专业性有一定的要求；而短视频制作简单，答主可以对建筑本身直接进行多角度拍摄，同时用话语进行描述，不需要组

[①] 周慧敏.一句话打动消费者 软文营销实战写作与案例分析[M].北京：中国铁道出版社，2015.

织过于晦涩难懂的语言,准入门槛较低。在同等时间内,视频可以承载更多的信息量,在传播过程中效率更高。

此外,对于类似"怎么做"的问题,视频可以更加清楚、直观地展现解决流程。比如怎么化妆,图文展示就远不如视频表现来得直观。因此"问视"CEO认为,无论是从短视频领域还是知识问答平台来看,他们都有切入的机会点。不过,短视频领域和付费问答领域都已经出现了较为成熟的巨头,因此"问视"要做的就是一个差异性的平台,避开和巨头们的正面冲突。

2. 签约独播模式

当今网络上各大短视频平台层出不穷,为了能够获得更强的市场竞争力,平台纷纷开始与短视频制作者进行签约独播。于是与平台签约独播也成了一种短视频快速变现的模式。不过,这种模式比较适合运营成熟、"粉丝"众多的"视频达人"。对于短视频新人来说,能获得平台青睐、得到签约收益不是一件容易的事。签约独播是一个平台与短视频制作者之间互相选择的过程,短视频平台为了能够更好地吸引到制作者,往往会采用高价酬金的方式。比如2017年9月花椒直播就上线了MV短视频功能,用户可以随心所欲DIY短视频并配上不同的音乐,花椒直播还宣布投入1亿元资金签约短视频达人,而火山短视频也斥资千万,将快手直播的知名"网红"挖来。签约独播是短视频平台用来争夺头部玩家的重要筹码。

而作为短视频制作者,想要与平台进行签约独播,必须要达到一定的发展水平,或者可以让平台看到该制作者的发展空间。签约独播是短视频直接变现方式中要求较高的一个,需要短视频制作者在前期进行较多的准备。

(1) 选择合适的平台

在平台的选择上,短视频制作者首要考虑的就是自己的目标用户。每个短视频平台都有其自身的定位,于是其吸引来的用户群体也是不同的。制作者完成的短视频本身就是面向某一类特定用户的,只有其目标用户与短视频平台高度符合的时候才能在平台上取得更好的运营效果。

短视频制作者与平台进行签约独播是一个双向选择的过程,不能仅仅因为平台向其抛出了橄榄枝就草率同意。制作者必须根据自己的短视频特性谨慎地考虑，不能轻易打乱原本制订的计划，只有这样才能使自己发展得更加顺利。

（2）保证短视频质量

短视频的质量是一个平台最为看重的，只有高质量的短视频才能最大限度地吸引用户的注意力，从而保证该平台上用户的流量，避免平台出现倒退的情况，这也是短视频平台之所以要与制作者进行签约独播的原因。所以一个短视频制作者在选择了合适的平台后想要与其成功签约，首要任务就是保证短视频的质量。高质量的短视频内容必须要原创，只有制作者原创的作品才能真正打动用户。如果采取抄袭等不光彩手段，虽然在短时期内可以走捷径，获得部分人气，但是这本质上是一种欺骗行为，长此以往早晚会暴露，而到那个时候就会给用户留下极坏的印象，得不偿失。在保证短视频原创性的基础上，制作者还应该不断创新，创新可以使短视频焕发新的活力，避免用户产生审美疲劳。

（3）展现发展空间

有许多短视频平台不仅会与已经成名的短视频制作者进行签约独播，还会寻找一些有发展潜力的新人进行培养，这样培养出来的新人对平台的感情较深，等到获得知名度后也不易跳槽，不会带走用户，从而可以保证一个平台的长期稳定发展，降低风险。这是一种长线投资的方式，平台可以付出较少的成本而得到较大的回报。

短视频制作者想要成为培养对象，就要让平台看到自己的发展空间。可塑性强的短视频制作者会有更好的发展前景，制作者如果有别人替代不了的特点，就会更容易被短视频平台看重，从而签约独播。

由于短视频平台日益增多，市场上也出现了良莠不齐的局面，短视频制作者在进行平台选择的时候还是要先对其进行一定的调查研究，确定其资质，避免产生不必要的纠纷。

3. 渠道分成模式

对于内容创作者来说，渠道分成是初期最直接的收入和变现手段，选取适合的渠道分成模式可以快速积累短视频制作中所需要的资金，从而为后期其他短视频的制作与运营提供便利。在不同的短视频平台上针对短视频本身的分成渠道主要有三类：一是推荐渠道分成，二是视频渠道分成，三是"粉丝"渠道分成。

第四章　新媒体营销的途径

（1）推荐渠道分成

推荐渠道分成模式是指视频通过系统推荐到用户面前,根据播放量表现,视频制作者和推荐平台进行分成。比如,今日头条、天天快报这种信息推荐平台,当短视频制作者度过"新手期"后,被推荐视频超过10篇即可申请分成。

不同渠道有不同的推荐算法,短视频制作者要根据该平台的特性有策略地进行运营,增加曝光度,以达到增加播放量的目的。为了获得更高的播放量,短视频制作者可以在标题及文案上进行更具有吸引力的创作,以达到快速吸引用户目光的目的。

（2）视频渠道分成

视频渠道分成模式主要通过视频网站的搜索和编辑推荐来获得播放量,在好的推荐位宣传会得到比较好的效果和分成。比如,搜狐视频、腾讯视频等视频网站就是靠这样的方式来与内容创作者分成的。

在这种分成模式下,推荐位的获得是非常重要的,越好的推荐位就越容易被用户第一时间发现。对于好推荐位的获得,不同的短视频平台有不同的方法,有的平台是依靠其一定时间内所获得的播放量,这就需要短视频制作者在前期有一定的忠实用户积累。而有的平台的推荐位则需要进行购买,这就需要短视频制作者付出一定的成本,所以短视频制作者要根据自身的现实情况来加以考量。

（3）"粉丝"渠道分成

"粉丝"渠道分成模式主要通过"粉丝"打赏的形式来使平台和内容创作者得到分成,"粉丝"数量对视频的播放量会产生很大的影响。比如,美拍就是依靠这种模式。在这种分成模式下,短视频制作者想要获得高收益,就必须注重"粉丝"量的积累。

不同平台吸引来的"粉丝"有不同的特点,短视频制作者需要对选定的平台的目标用户进行数据收集及分析,了解其本质需求,然后根据该需求来制作短视频,尽最大努力来满足"粉丝"的需求,这样才能使"粉丝"心甘情愿地关注该短视频,从而在"粉丝"渠道分成这一模式下获取最大的收益。

渠道分成模式虽然有不同的分类,但是其能够获得收益的原因还是要依靠短视频本身的质量,高质量的短视频无论在哪种类型的分成模式中都能获得较高的收益。除了质量以外,更新频率也是影响渠道分成的一个重要因素。高频率更新可以增加曝光度,从而使得用户能够更多地注意到该制作者的作品，以新短视频作品带动旧的作品，形成一个完整的短视频运营链条，以达成长期的发展目标。

(二) 间接变现模式

间接变现指不通过视频本身而通过一些额外的收入达到视频价值变现的方式。由于其方式更加灵活多样，短视频平台和制作者在其中的操作空间较大，于是间接变现成为了现在短视频的主要盈利模式，主要包括广告植入、课程培训、"短视频+电商"等。

1. 广告植入模式

广告植入是视频获利的最常见模式，其类型可以分为以下几种：
（1）贴片广告，这也是传媒业最常见的广告类型。贴片广告主要指在视频片头、片尾或者中间插播的广告，还包括视频背景的广告。这种广告覆盖范围广，曝光度高，但是用户体验较差。特别是对于短视频来说，一般的短视频最多不会超过5分钟，且用户经常在碎片时间使用手机流量观看，因此会很难容忍在短视频前放置贴片广告的行为。因此，相比独立于视频内容外的硬性广告，"软植入"的模式对于短视频来说是更好的广告植入模式。

（2）台词植入，即将广告品牌或产品信息巧妙融入视频台词中去，从而达到广告植入的目的，这样的植入可以直白地将品牌、特征、用途等信息告诉观众。比如，著名的电影《阿甘正传》中一句主人公喃喃自语的台词："见美国总统最美的几件事之一是可以畅饮'彭泉汽水'。"

（3）道具植入，即将产品作为视频中的道具使用，以达到广告宣传的效果。比如，某些视频中所有人都使用某一品牌的手机等。

（4）抽奖奖励，通过抽奖发放优惠券等实物以达到产品宣传的目的。比如，某些视频博主会通过微博转发抽取用户送某品牌手机等。

此外，还有一种广告植入形式是专门为广告主定制内容，其内容本身就是广告。比如，著名的短视频博主 Papi 酱就曾经为哒哒英语专门定制了节目内容，在其推出的一期节目中，Papi 酱模拟了不同风格的英语老师，然后将哒哒英语的品牌和产品理念巧妙地植入视频之中，这种为品牌定制节目的方法,可以比较好地将视频的特点和产品本身结合,是一种不令人反感的植入。

采用广告软植入方式要注意以下几点:

首先,寻找的广告品牌要和自己的内容、自身特点及受众群体吻合。比如,在专业类节目里植入偏休闲类的产品广告就会显得格格不入,在受众年龄偏大的视频内容里植入比较新潮的品牌广告也不太合适。

其次,广告植入是否"软",在于观众观感。某些视频即使通篇在给产品打广告,但是由于创意得当,受到大家的欢迎;某些产品意在软性植入,但是植入方法不恰当,反而引起观众的不满。比如,某剧中剧情本来是三个人进入一个装修高级的餐馆吃宵夜,却因为某品牌方便面与现实生活情况违和的软植入引起了观众的不满。

此外,做好内容才是能使短视频价值不断变现的根本,切勿本末倒置。广告主来进行广告植入,一定是因为看中了短视频内容和"粉丝"流量,如果单纯为了广告植入而放弃了对短视频内容本身质量的要求以及对"粉丝"观感的尊重,最终导致的后果不仅是广告资源的流失,还有辛苦经营的品牌本身的崩塌。

2.课程培训模式

课程培训模式主要是知识型短视频变现的一种手段。其模式大致是通过短视频节目积攒人气,然后利用社群经济的方式,利用课程、讲座、俱乐部等其他手段进行变现。此类模式需要短视频制作者本身在某一领域具备较为专业的知识,这样才能真正为用户提供有效的知识培训,使得用户从中有所收获,这样才能建立健康的短视频与用户之间的关系,保证用户的稳定性。

以"罗辑思维"为例,其就是这样一种获利模式。他首先通过开发自己的自媒体来积攒人气,获得一定的"粉丝",然后开始在各地举办付费线下讲座,吸引其忠实"粉丝"前来参加,这样就使得短视频以间接的方式获得了收益。由于这种方式实践起来有较高的操作度,于是就成了短视频间接获利的常用手段之一。想要通过课程培训模式来进行间接盈利,需要注意以下几点:

(1)短视频有知识性

想要通过课程培训的模式来实现短视频的间接变现,首先就要确保短视频的内容要有一定的知识性,这样才能确保被其吸引而来的用户会对相应的课程培训产生兴趣并参与其中,以避免在培训场地及时间都安排好后,却出现无用户参加的尴尬局面。

短视频的知识讲解还需要形成一个完整的知识结构体系,这样才能使其在课程培训的安排上更有针对性,从而才能使用户在经过课程培训后得到"干货",产生认同感,避免其对课程的质量有所不满。

（2）课程主题贴近生活

课程主题的设置应该能够吸引用户愿意前来参加,所以课程的主题必须要与用户最为关心的切身利益息息相关,这样才能在最大限度上引发其兴趣。

以咪蒙为例,咪蒙是网络上的一个知名作家,在新媒体营销领域有较大的成就。在 2017 年 11 月,咪蒙与喜马拉雅 FM 进行合作,上线了一个名为《咪蒙教你月薪五万》的付费音频课程,并且还做出了"听课三年后加薪不超 50% 可申请退款"的承诺。咪蒙这个课程主题的选择就十分贴近用户的生活。工薪阶级在用户中所占的比重可以说是最高的,而这些用户最关心的问题往往都与升职加薪有关,咪蒙这个课程的设置直戳其"痛点",并且题目命名也十分夺人眼球,在很短的时间内就有大批用户购买。课程主题贴近生活,从用户最关心的事情上找切入点,可以最大限度上激发用户的购买欲望。

（3）课程培训可操作性高

课程培训可分为线上与线下两种模式,这两种模式各有其特点,培训者安排的时候要根据课程的要求灵活使用,保证用户有参与的可操作性。线上课程培训以网络课程的形式出现,这种形式时间上比较灵活,可以使用户在一切方便的时候观看,而且对没有理解的地方还可以反复回看,不断加深印象。

而线下的课程培训虽然要求用户必须在指定时间到达一个指定的地点,灵活性较差,但是对于自律性较差的用户可以起到一个监督的作用,并且接受课程培训的同时还会接触到许多和自己在相同领域的其他用户,这样就起到了一个拓展人脉的作用,人脉的建立在工作和生活中同样是必不可少的一部分。

为了保证课程培训的可操作性,培训者在时间地点的安排方面,一定要考虑用户的实际情况,将用户的需求摆在第一位。同时,用户的财力也是必须要考虑的一个方面,合理的课程价格可以使更多的用户加入其中,扩大生源。为了增强该课程对用户的吸引力,培训者还可以邀请业内知名的成功人士来分享经验。

3."短视频+电商"模式

无论是渠道分成还是广告植入,都很容易触到天花板,但是短视频平台中成千上万的生活类、美妆类内容创造者有着更加广阔的变现空间,那就是内容电商模式。比如,在视频底下放个淘宝链接,或者在视频结尾放一个导流广告,可以很容易地实现"视频宣传+实物盈利"的模式。

对于图文类的"种草"文案,人们有可能对购买产生顾虑,比如照片经过处理、实际的衣服很可能与图片展示有差距,而视频对一件商品的展示会显得更加直观,更能激发人们的购买欲望。当然,想要提高消费转化率,还取决于视频所推荐的商品是否值得购买,以及视频主本身的受信赖程度。

"悦味"就是一家通过"短视频+电商"模式实现变现的公司,它是家厨具公司,其主打商品就是"元木"系列,在其为该系列进行宣传的时候,发布的短视频大获成功,在短视频发布当晚就收获了248万播放量和440万的访客数,卖出了平常四年半销量总和的厨具产品。悦味能够取得这样的好成绩是因为其使用了"短视频+电商"的模式,使得用户在趣味性的作品中体会到了品牌的内涵,从而对其产生了认同感。如今用户已经越来越习惯在观看短视频后再去电商寻找同款商品进行购买了,在以后新媒体领域的发展中,短视频与电商之间的关系只会联系得越来越紧密。

一些以短视频起家的视频主也同样在探索同电商结合的道路,以打通内容与消费渠道。比如,快手视频中依靠工地健身视频火起来的"搬砖小伟",他在个人页面放上了一个微信公众号,通过微商导购运动鞋,以此来实现盈利。

此外,各大平台也开始建起短视频与电商之间的桥梁,实现变现共赢。比如,电商平台淘宝推出了"淘宝二楼"的短视频营销策略,每天晚上10点上线《一千零一夜》《夜操场》等两季短视频系列剧,其精美的制作和颇具创意的内容策划广受好评,并促进了许多"小众"商家销量暴涨。当《一千零一夜》的第一集《鲅鱼饺子》推出后,次日上午10点,鲅鱼水饺的销量翻了150倍。短视频平台"美拍"也为"粉丝"数超过10万的视频达人推出了"边看边买"功能,用户在观看短视频的过程中,就可以对达人推荐的商品进行下单操作,这样就打破了传统的电商模式,简化了用户在过程中所需的操作,可以提高购买效率,从而达到促进用户消费的目的。

电商本身是存在一个固定的盈利模式的,制作者必须在对其加以了解的基础上再加以实践,这样才能保证不出现赔本的情况。短视频制作者想要通过电商进行变现,也要注重自身内容的塑造,有特点的内容才能在用户心目中留下深刻的印象,从而促进其通过电商来购买。

短视频与电商之间的合作性盈利还应该注意要适度。短视频本身是对个人或者内容的一个塑造过程,如果一味地想通过这个渠道使得电商方面获得盈利,很容易招致用户的不满,从而导致用户流失,得不偿失。现在短视频平台争夺内容和视频达人的竞争已经趋于白热化,但是除了"烧钱"以外,短视频平台更重要的是要找到为平台本身及视频主持续变现的生态环境,这样才有利于促进短视频行业的健康发展。

第五节　直播营销

一、直播营销的定义

（一）直播与直播营销

"直播"一词由来已久,在传统媒体平台就已经有基于电视或广播的现场直播形式,如晚会直播、访谈直播、体育比赛直播、新闻直播等。词典对直播的定义为:"与广播电视节目的后期合成、播出同时进行的播出方式。"①

随着互联网的发展,尤其是智能手机的普及和移动互联网速度的提升,直播的概念有了新的延展,越来越多基于互联网的直播形式开始出现。所谓"网络直播"或"互联网直播",指的是用户在手机上安装直播

---

① 勾俊伟,张向南,刘勇编.直播营销[M].北京:人民邮电出版社,2017.

软件后,利用手机摄像头对发布会、采访、旅行等进行实时呈现,其他网民在相应的直播平台可以直接观看与互动。

广义的直播营销,指的是企业以直播平台为载体进行营销活动,达到品牌提升或销量增长的目的。2016年起,互联网直播进入爆发期,直播平台超过300家,用户超2亿人。现阶段谈到的"直播营销""移动直播营销"等,多数情况下默认是基于互联网的直播。

与传统媒体平台(电视、广播)的直播营销相比,互联网直播营销有以下两个显著的优势:

第一,参与门槛大大降低。网络直播不再受制于固定的电视台或广播电台,无论企业是否接受过专业的训练,都可以在网上创建账号,开始直播。

第二,直播内容多样化。除传统媒体平台的晚会、访谈等直播形式外,利用互联网可以进行户外旅行直播、网络游戏直播、发布会直播等。

基于互联网的直播营销,通常包括场景、人物、产品、创意四大要素。第一是场景,企业需要用直播搭建销售场景,让观众仿佛置身其中;第二是人物,主播或嘉宾是直播的主角,他的定位需要与目标受众相匹配,并友好地引导观众互动、转发或购买;第三是产品,企业产品需要巧妙地植入主持人名词、道具、互动等之中,从而达到将企业营销软性植入直播之中的目的;第四是创意,网民对常规的"歌舞晚会""朗诵直播"等已经审美疲劳,新鲜的户外直播、互动提问、明星访谈等都可以为直播营销加分。

(二)直播营销的主要特点

直播营销之所以受到越来越多企业的青睐,主要是因为其具备以下三大特点:

直播的第一个特点是"即时事件"。由于直播完全与事件的发生、发展进程同步,因此可以第一时间反映现场状态。无论晚会节目的最新投票、体育比赛的最新比分,还是新闻资讯的最新进展,都可以直接呈现。

直播的第二个特点是"常用媒介"。收听或观看直播通常无须专门购买昂贵的设备,使用电视机、计算机、收音机等常用设备即可了解事件的最新进展。也正是由于这一特点,受众之间的相互推荐变得更加方便,从而更有利于直播的传播。

直播的第三个特点是"直达受众"。与录播节目相比,直播节目不会做过多的剪辑与后期加工,所有现场情况直接传达给观众或网民,因此直播节目的制作方或主办方需要花更多的精力去策划直播流程并筹备软、硬件,否则一旦出现失误,将直接呈现在受众面前,从而影响制作方或主办方的品牌形象。

二、直播营销的四大优势

企业营销活动就是研发出满足客户需求的产品,将产品价值呈现给客户,并实现价值交换(企业交付产品、客户支付款项)。而在产品已经成型的前提条件下,企业营销的重点是呈现产品价值、实现价值交换两大模块。在传统的市场营销活动中,企业呈现产品价值主要依靠户外广告、新闻报道、线下活动等形式,企业实现价值交换则是借助推销员销售、自动售货机贩卖、电话下单与发货等方式。

而互联网直播的出现给企业带来了新的营销机会,借助直播,企业可以在上述呈现产品价值环节支付更低的营销成本、收获更快捷的营销覆盖,在上述实现价值交换环节实现更直接的营销效果、收到更有效的营销反馈,如图4-6所示。

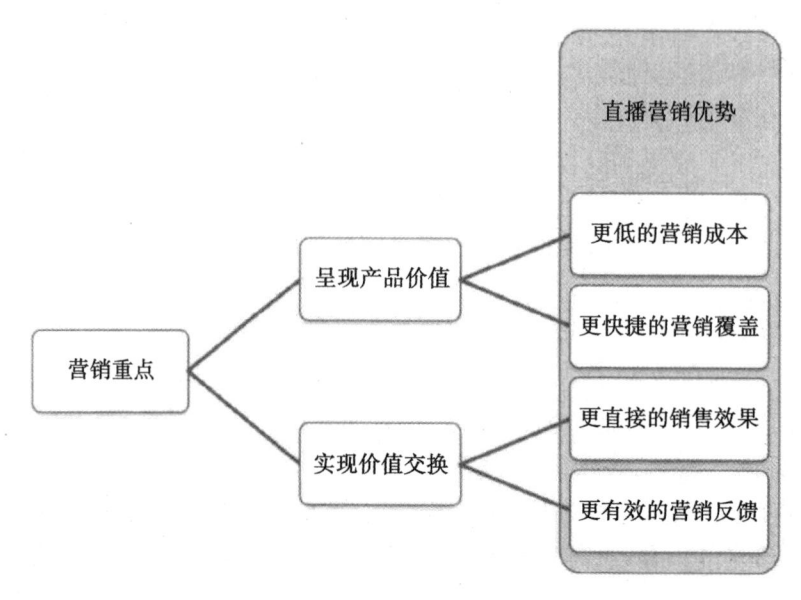

图4-6 直播营销的四大优势

第四章　新媒体营销的途径

（一）更低的营销成本

传统广告营销方式的成本越来越高,楼宇广告、车体广告、电视广告的费用从几十万元到上百万元不等。网络营销刚兴起时,企业可以用较低的成本获取用户、销售产品,但随着淘宝、百度等平台用户增加,无论搜索引擎广告还是电商首页广告的营销成本都开始变高,部分自媒体"大号"的软文广告费甚至超过 50 万元。而直播营销对场地、物料等需求较少,是目前成本较低的营销形式之一。

2016 年 5 月 25 日晚,小米公司举办了一场纯在线直播的新品发布会,小米公司总经理雷军直接在办公室,通过几家视频网站和手机直播 APP,以及自家的"小米直播" APP 发布了其生态链产品小米无人机。采用线上直播的形式,无须租借会议酒店,无须准备户外宣传,无须进行大型会场布置,所花费的成本仅十余台手机而已。

（二）更快捷的营销覆盖

用户在网站浏览产品图文或在网店翻看产品参数时,需要在大脑中自行构建场景。而直播营销完全可以将主播试吃、试玩、试用等过程直观地展示在观众面前,更快捷地将用户带入营销所需场景。

（三）更直接的销售效果

消费者在购买商品时往往会受环境影响,由于"看到很多人都下单了""感觉主播使用这款产品效果不错"等原因而直接下单。因此在设计直播营销时,企业可以重点策划主播台词、优惠政策、促销活动,同时反复测试与优化在线下单页面,以收获更好的销售效果。

（四）更有效的营销反馈

在产品已经成型的前提条件下,企业营销的重点是呈现产品价值、实现价值交换,但为了持续优化产品及营销过程,企业需要注重营销反馈,了解顾客意见。由于直播互动是双向的,主播将直播内容呈现给观众的同时,观众也可以通过弹幕的形式分享体验,因此企业可以借助直播一方面收到已经用过产品的消费者的使用反馈,另一方面收获现场观众的观看反馈,便于下一次直播营销时修正。

互联网直播行业的发展已经超过10年,但尝试直播营销的企业并不算多。由于直播营销具有更低的营销成本、更快捷的营销覆盖、更直接的销售效果、更有效的营销反馈等四大特点,预计未来会有更多的企业借助直播进行营销推广。

三、直播营销的策略

(一)"五步法"设计直播营销

一场直播活动,看起来只是几个人对着镜头说说话而已,但背后都有着明确的营销设计,即要么通过直播营销提升企业品牌形象,要么利用直播营销促进产品销量。

将企业营销目的巧妙地设置在直播各个环节,这就是直播营销的整体设计。直播营销的整体设计主要包括五大环节,新媒体团队需要对每个环节进行策划,一个环节一个步骤,用"五步法"设计直播营销,确保其完整性和有效性。

1. 整体思路

直播营销的第一大环节是整体思路。在做营销方案之前,企业新媒体团队必须先把整体思路理清,然后有目的、有针对性地策划与执行。刚接触直播营销的新手容易进入一个误区,认为"直播营销只不过是一场小活动而已,做好方案然后认真执行就够了"。实际上,如果没有整体思路的指导,直播营销很有可能只是好看、好玩而已,并没有达到企业的营销目的。直播营销的整体思路设计,需要包括三部分,即目的分析、方式选择和策略组合。

首先是目的分析。对企业而言,直播只是一种营销手段,因此企业直播营销不能只是简单的线上才艺表演或互联网游戏分享,而是需要综合产品特色、目标用户、营销目标,提炼出直播营销的目的。

第四章　新媒体营销的途径

其次是方式选择。在确定直播目的后,企业新媒体团队需要在颜值营销、明星营销、稀有营销、利他营销等方式中,选择其中的一种或将多种进行组合。

最后是策略组合。方式选择完成后,企业需要对场景、产品、创意等模块进行组合,设计出最优的直播策略。

2. 策划筹备

直播营销的第二大环节是策划筹备。好的直播营销需要"兵马未动,粮草先行"。首先,将直播营销方案撰写好;其次,在直播开始前将直播过程中用到的软硬件测试好,并尽可能降低失误率,防止因为筹备疏忽而引起不良的直播效果。为了确保直播当天的人气,新媒体运营团队还需要提前进行预热宣传,鼓励粉丝提前进入直播间,静候直播开场。

3. 直播执行

直播营销的第三大环节是直播执行。前期筹备是为了使现场执行更流畅,因为从观众的角度,只能看到直播现场,无法感知前期的筹备。为了达到已经设定好的直播营销目的,主持人及现场工作人员需要尽可能按照直播营销方案,将直播开场、直播互动、直播收尾等环节顺畅地推进,并确保直播的顺利完成。

4. 后期传播

直播营销的第四大环节是后期传播。直播结束并不意味着营销结束,新媒体运营团队需要将直播涉及的图片、文字、视频等,继续通过互联网传播,让其抵达未观看现场直播的粉丝,使直播效果最大化。

5. 效果总结

直播营销的第五大环节是效果总结。直播后期传播完成后,新媒体团队需要进行复盘,一方面进行直播数据统计并与直播前的营销目的作比较，判断直播效果，另一方面组织团队讨论，总结本场直播的经验与教训，做好团队经验备份。每一次直播营销结束后的总结与复盘，都可以作为新媒体团队的整体经验，为下一次直播营销提供优化依据或策划参考。

需要强调的是，直播营销的第四大环节"后期传播"与第五大环节"效果总结"虽然都是在现场直播结束后进行的，但是作为直播的组织者，必须在直播开始前就做好两方面的准备。

第一，提前设计数据收集路径。如淘宝店流量来源设置、网站分销链接生成、微信公众号后台问卷设置等。

第二，提前安排统计人员。不少直播网站后台的数据分析功能不够细化，因此一部分数据（如不同时间段的人气情况、不同环节下的互动情况等）需要人工统计，便于后续分析。

（二）直播营销的七大方式

为了吸引网友观看直播，企业新媒体团队需要设计最吸引观众的直播吸引点，并结合前期宣传覆盖更多网友。根据"直播吸引点"划分，直播营销的常见方式共七种，包括颜值营销、明星营销、稀有营销、利他营销、才艺营销、对比营销和采访营销。企业在设计直播方案前，需要根据营销目的，选择最佳的一种或几种营销方式。

1. 颜值营销

直播经济中，"颜值就是生产力"的说法已经得到多次验证。颜值营销的主持人多是帅气靓丽的男主播或女主播，高颜值的容貌吸引着大量粉丝的围观与打赏，而大量粉丝围观带来的流量正是能够为品牌方带来曝光量的重要指标。

2. 明星营销

明星经常会占据娱乐新闻头版，明星的一举一动都会受到粉丝的关注，因此当明星出现在直播中与粉丝互动时，会出现极热闹的直播场面。明星营销适用于预算较为充足的项目,在明星筛选方面,尽量在预算范围内寻找最贴合产品及消费者属性的明星进行合作。

3. 稀有营销

稀有营销适用于拥有独家信息渠道的企业,包括独家冠名、知识版权、专利授权、唯一渠道方等。稀有产品往往备受消费者追捧,而在直播中稀有营销不仅仅体现在直播镜头为观众带来的独特视角,更有助于利用稀有内容直接提升直播室人气,对于企业而言也是最佳的曝光机会。

4. 利他营销

直播中常见的利他行为主要是知识的分享和传播,旨在帮助用户提升生活技能或动手能力。与此同时,企业可以借助主持人或嘉宾的分享,传授关于产品使用技巧、分享生活知识等。利他营销主要适用于美妆护肤类及时装搭配类产品,如某淘宝主播经常使用某品牌的化妆品向观众展示化妆技巧,在让观众学习美妆知识的同时,增加产品曝光度。

5. 才艺营销

直播是才艺主播的展示舞台,无论主播是否有名气,只要才艺过硬,都可以带来大量的粉丝围观,如古筝、钢琴、脱口秀等通过直播可以获取大量该才艺领域的忠实粉丝。才艺营销适用于围绕才艺所使用的工具类产品,如古筝才艺表演需要使用古筝,制作古筝的企业则可以与有古筝使用技能的直播达人合作,如花椒主播"琵琶小仙小蜜"经常使用某品牌琵琶进行表演。

6. 对比营销

有对比就会有优劣之分,而消费者在购买时往往会偏向于购买更具优势的产品。当消费者无法识别产品的优势时,企业可以通过与竞品或自身上一代产品的对比，直观展示差异化，以增强产品的说服力。例如，王自如ZEALER在测评手机时，经常会用iPhone作为参照标杆来评测手机性能。

7. 采访营销

采访营销指主持人采访名人嘉宾、路人、专家等，以互动的形式，通过他人的立场阐述对产品的看法。采访名人嘉宾有助于增加观众对产品的好感，而采访路人有利于拉近他人与观众之间的距离，增强信赖感。例如，飞贷户外直播通过采访路人"3分钟能借到钱吗"，路人的表现让观众感同身受，进而有利于推广飞贷的借贷服务。

企业新媒体团队在选择直播营销方式时，需要从用户角度挑选或组合出最佳的直播营销方式。从互联网消费者心理上看，从初次接触某企业或某产品直到产生购买行为，通常会经历听说、了解、判断和下单四个过程。首先，互联网消费者会在朋友圈、百度搜索等渠道听说某款产品，接着会在其官网、官方自媒体平台进行充分了解，接下来会去问答平台、店铺评价区域进行分析判断，了解其他网友对于此产品的评价，最后才是下单与付款。

第五章　新媒体数据分析

　　随着网络技术不断进步,社会基础建设和群众生产生活对经济发展的实际需求有了深层次的提升,更加强调产品的附加值与潜在价值。这种变化推动了相应的经济主体不再依赖于单一片面的量化生产,而是与现代化的网络技术紧密结合,推出全新的市场营销模式,其中最突出的就是新媒体营销模式的建设,并且其开始与数据分析先进技术相结合。本章就对新媒体数据分析展开研究和探究。

第一节　新媒体数据分析概述

一、新媒体数据分析简介

近些年来，随着移动互联网和大数据的发展，我国的数字传媒也得到了快速的发展，与此同时，相关的新闻传播方式也发生了翻天覆地的变化，互联网新媒体的崛起，使广播、电视、杂志、报纸等传统媒体面临巨大的挑战。媒体的传播阵地、政府的宣传阵地、企业的营销阵地已经逐渐由传统媒体转移到新媒体，新媒体是基于当下互联网快速普及的背景而产生的一种高效的新闻传播形式与媒体模式。

自 20 世纪 90 年代以来，我国的网民数量激增，并保持大幅度的增长态势，其中手机网民占据了绝大多数。中国互联网络信息中心（CNNIC）发布的第 44 次《中国互联网络发展状况统计报告》中显示，截至到 2019 年 6 月，我国网民数量达到了 8.54 亿人，超越了欧洲总人数的 1 亿多，其中网络新闻用户规模达到了 6.86 亿人，占据网民总数的 80.3%；手机网民规模达 8.47 亿人，占据网民总数的 99.1%，具体数据如图 5-1、5-2、5-3 所示。[①]

随着移动互联网与智能终端的普及，给新媒体带来了机遇和挑战。《中国互联网络发展状况统计报告》显示，2019 年上半年，手机网民常使用的各种移动 APP 中，使用即时通信类 APP 的最长，占总数比率的 14.5%，使用网络视频、短视频、网络音频、网络音乐的 APP 平均占据第二位到第六位，如表 5-1 所示。

[①] 段峰峰.新媒体数据分析与应用 [M].北京：人民邮电出版社，2020.

第五章 新媒体数据分析

☆截至 2019 年 6 月,我国网民规模达到了 8.54 亿人,与 2018 年相比增长了 2598 万,互联网普及率达 61.2%,与 2018 年底相比提升了 1.6 个百分点。

☆截至 2019 年 6 月,我国手机上网人数达到 8.47 亿人,与 2018 年底相比增长了 2984 万,我国网民运用手机上网的比率达到 99.1%,与 2018 年底提升 0.5 个百分点。

☆截至 2019 年 6 月,我国农村网民规模达到了 2.25 亿人,占据网民总数的 26.3%,与 2018 年底相比增加了 305 万人;城镇网民人数达到了 6.30 亿人,占据网民总数的 73.7%,与 2018 年年底相比增加了 2293 万人。

☆截至 2019 年 6 月,我国网民使用手机上网的比率达到 99.1%;使用电视上网的比率达到 33.1%;使用台式计算机上网的比率为 46.2%,使用笔记本上网的比率为 36.1%,使用平板电脑上网的比率为 29.3%。

☆截至 2019 年 6 月,我国 IPv6 地址数量为 50286 个 /32,与 20185 年底相比增加了 14.3%。

☆截至 2019 年 6 月,我国域名总数为 4800 万个,其中 ".CN" 域名总数为 2185 万个,与 2018 年底相比增加了 2.9%,占我国域名总数的 45.5%。

图 5-1 我国网络使用规模

表 5-1 各类 APP 使用时长

APP	使用时长
即时通信	14.5%
网络视频	13.4%
短视频	11.5%
网络音乐	10.7%
网络文学	9.0%
网络音频	8.8%
社交	4.5%
网络直播	4.3%
网络新闻	4.1%
网络漫画	3.5%
其他	15.6%

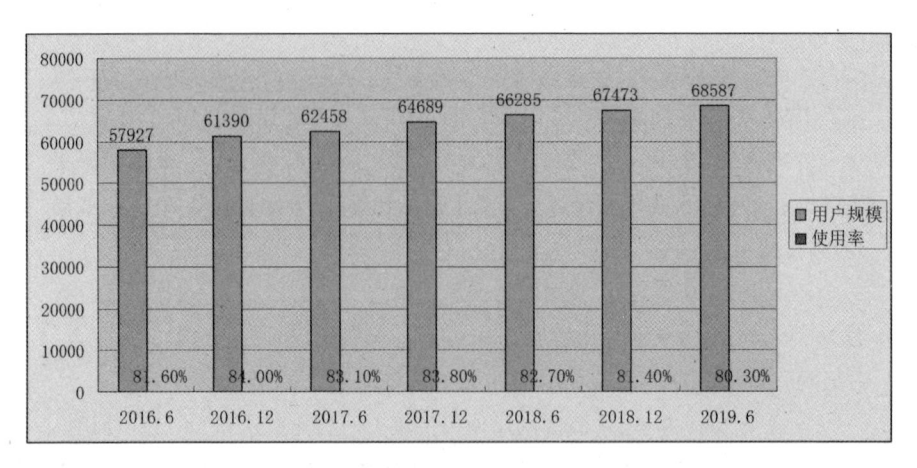

图 5-2 网络新闻用户规模及使用率(单位:万人)

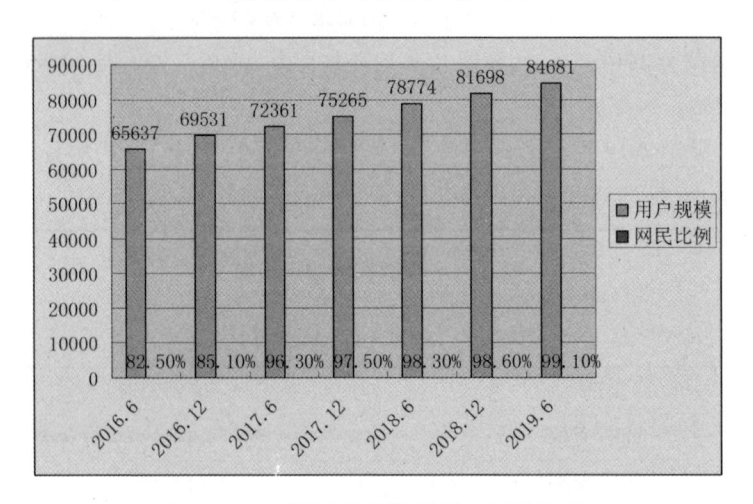

图 5-3 手机网民规模及其占网民比例

进入 21 世纪以来,网络技术得到了极大的发展,从而带来了新媒体的快速发展。为了紧跟时代步伐,各类企业纷纷从最初的排斥新媒体,到拥抱新媒体,再到把新媒体作为自己的重要营销平台。各级政府也积极应用新媒体进行办公,不断创新服务模式,出台了多项政策以引导政务新媒体平台融合发展,不断优化政务服务。政务新媒体成为政府联系群众、服务群众、凝聚群众的重要平台和有效工具。新媒体数据分析能够为政务新媒体的发展发现典范,帮助政务新媒体高效运营,提高政府政务宣传效率;同时在"后真相"时代,也能够帮助政府更好地监测舆情,助力政府解决公关危机。

在新媒体时代,用户的个体商业价值得到了激活。新媒体数据分

第五章　新媒体数据分析

析能够帮助企业了解用户特征、分析用户喜好、预测其消费行为,让企业更好地进行精准营销,同时企业还能够通过新媒体数据分析的结果,更好地为用户提供服务,树立品牌形象。总之,根据数据分析的结果制定决策,能够提升决策的准确性,对企业的运营管理有着重要的意义。

二、新媒体数据分析的意义

随着移动互联网、云计算和大数据等技术的发展,社会进入了大数据时代,各类新媒体得到了极大的发展。大数据时代最显著的特点,就是需要分析各种事物相关的数据信息,在某些时候甚至可以处理和某个现象相关的所有数据,而不再只是依赖于分析随机采样的少量的数据样本。新媒体数据分析能够让我们看到一些以前无法解释的细节问题,可以对某些问题在细节层面进行深入研究。

在大数据时代,各级政府和各类企业紧跟时代潮流,转战新媒体,积极应用新媒体进行办公,不断创新服务模式。因此,新媒体数据分析不仅有利于政府更高效地发布政务信息,为公众提供更加便捷、更加优质的政务服务,加快政府职能转变,还有利于企业的管理和运营。同时,它也有利于传统媒体更快地进行转型升级,扩大报道面,增加报道深度。接下来,我们从政府和企业两个方面来探讨新媒体数据分析的意义。

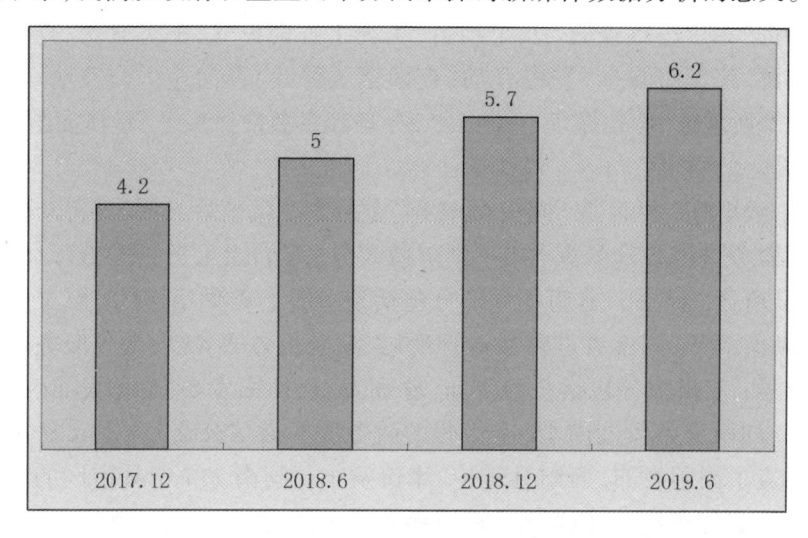

图 5-4　微信城市服务累计用户数(单位:亿)

各级政府开设了自身的官方微信公众号，这给公众带来了极大的便利，如湖南省开设了官方微信公众平台"湖南微政务"。"湖南微政务"于 2015 年正式上线，由湖南省网信办授权湖南日报社新媒体中心作为"湖南微政务"运营主体，以发布湖南政务信息、宣传湖南形象、传播湖南声音、服务湖南民生为主，现已成为一个实时政务资讯平台、24 小时移动办事平台和政民互动聚合平台。"湖南微政务"有两个栏目：微办事和微矩阵，如图 5-5 所示。

图 5-5 "湖南微政务"公众号

"微办事"栏目主要是为群众提供手机办事服务，包括"办登机牌""手机缴费""就业查询""天气查询""医保查询""社保查询""燃气查询"和"违章查缴"八个项目，实现了查询天气、手机缴费、查看实时路况、停车位导航、警民互动、查询辖区警队、查询违法处理地点、查询车管所地址、微信挪车、手机 ETC 办理等多项便民服务，具体如图 5-6 所示。

"微矩阵"栏目是"湖南微政务"建立的"微信好友圈"（将众多的政府服务微信公众号聚合在"湖南微政务"平台上），分为省直厅局、市州、县市区三部分。省直厅局部分包括湖南国土资源、湖南住建、文化湖南、湖南商务、湖南省道路运输管理局、湖南税务等 45 个政务服务微信公众号；市州部分包括长沙发布、株洲发布、衡阳发布、常德发布、郴州发布、湘西头条等湖南 15 个市州的政务服务微信公众号；县市区部分则涵盖了浏阳发布、衡阳县宣传、津市发布等湖南 117 个县市区的政务服务微信公众号。"微矩阵"栏目涵盖了生活、商务、交通、教育、环保等各个方面的内容。

图 5-6　湖南微政务"微办事"栏目

同时,政务服务总体搜索情况、政务微博发展状况和政务头条号发展状况也持续向好。2019年上半年,百度移动端服务搜索量为94.4亿次,其中广东省网民在百度移动端政务服务搜索次数最多;截至2019年6月,我国大多数一级行政区已开通政务机构微博,经过新浪平台认证的政务机构微博为13.9万个,其中河南省各级政府开通的政务机构微博数量最多,居全国首位;同时,我国大多数一级行政区已开通政务头条号,各级政府共开通政务头条号81168个,其中开通政务头条号数量最多的省份为山东省。

因此,新媒体数据分析有利于政府为群众提供更加优质的内容和服务,能够帮助政府发现标杆,为政务新媒体运营提供典范;能够提高政府政务宣传效率;还能够帮助政府对舆情进行监测,助力政府解决公关危机。

(一)发现标杆,为政务新媒体运营提供典范

目前,我国的政务新媒体账号开通率极高,各级政府基本上都拥有自己的政务新媒体账号,但是其运营水平却参差不齐。因此运营人员需要通过对新媒体数据进行分析,发现众多政务新媒体账号中运营较好的账号,发挥其榜样模范作用。运营人员应该对水平较高的政务新媒体账号进行整理分析,发现其可取之处,并对其进行系统的学习,从而提高自身的运营水平。

(二)分析数据,提高政府政务宣传效率

进行政务信息宣传,是政务新媒体存在的必要条件之一。新媒体的出现和发展,使传播者和受众得以更高效、更快捷地进行实时互动,从而拉近了政务部门和群众之间的距离。对新媒体数据进行分析,找出政务宣传信息中点击率和留言率较高的内容,发现其中的热点所在,找到群众的兴趣点所在,进而在后续的政务宣传中从群众角度出发,用群众喜闻乐见的语言进行宣传,以吸引政务新媒体用户持续关注,增强用户黏性。

(三)监测舆情,助力政府解决公关危机

随着新媒体的发展,网络信息的快速传播常常很难控制,舆论生态进入"后真相"时代,其典型的特征就是"情绪在前,真相在后""意见在前,真相在后"。在这种语境下,事实和真相在前期往往被公众情绪所掩盖,这深刻影响了社会舆情的健康发展。当政府遭遇某些突发情况、产生公关危机时,其通过对新媒体数据进行分析,能够对社会舆情的发展方向进行实时监测,在把握公众情绪表达意愿的基础上,巧妙地设置新闻议题,引导公众关注并追踪事实真相。通过及时澄清事实真相,把握问题本质,政府可以树立权威、申明立场,从而解决公关危机,促进社会舆论的健康发展。

三、新媒体数据分析与企业

企业为了吸引更多的用户,展现自身的品牌影响力,也会纷纷加入新媒体运营的队伍,通过利用微信、微博、抖音等新兴媒体平台工具,对自身产品进行宣传、推广和营销。因此,新媒体数据分析对企业运营具有重要意义。具体而言,新媒体数据分析既有利于企业进行精准营销,也有利于企业品牌形象的构建。

(一)新媒体数据分析与精准营销

基于新媒体,许多企业都在积极拓展自己的活动领域,在销售中增加了电商销售的环节,也正因为如此,企业面临着比以往任何时候都需要海量数据的情况,这些海量的数据为企业洞察消费者行为提供了有效的信息和方向。新媒体数据分析对企业进行精准营销具有重要意义。比如分析和了解用户、预测其消费行为和销售效果等。

1. 对用户加以了解

随着物联网的发展和智能终端的普及,我国网络用户已经逐渐形成了利用新媒体进行购物的方式。对新媒体数据进行整理分析,企业可以了解用户的群体特征。例如通过百度指数对用户的兴趣分布做统计。

第一,企业通过对用户群体的地域分布、年龄分布、性别分布以及兴趣分布进行分析,能够更好地了解用户群体,掌握更大的主动权,采用更为合理的营销手段,以提高效益。

第二,新媒体时代的营销,已经升级到面向个性化、独特的个人。以微信用户为例,每一个微信账号的用户都有性别、地区、个人日常生活等信息,企业可以通过获取有关用户的个人信息,进而根据用户的个人特征,满足用户的个性化需求。

2. 对消费行为进行预测

基于新媒体时代,用户获取信息的渠道不断拓宽,企业如若继续采用以往"大轰炸"式信息推送方式,只会在市场竞争中败下阵来,因而,企业对广告精准投放的需求愈加强烈。通过对新媒体数据进行分析,企业可以对用户的消费时间、消费平台、购买物品的价格水平以及用户的消费分布进行了解,进而预测用户的消费行为,从而进行更精准的广告投放。以苏宁易购和淘宝平台为例,在当下精准投放的广告模式下,平台上的所有企业在后台都能看到购买过或收藏过本品牌产品的用户,对于这些用户可以制作不同的用户标签,可以给他们推送不同强度和数量的产品广告。对于已经购买过产品的用户,下次进行相同产品的搜索时,搜索到的产品页会显示用户之前的购买信息,并提醒用户这是其曾经购买过的店铺。

同时,通过新媒体数据分析,企业还可以对浏览过自己产品的用户、将自己的产品加入购物车的用户进行精准的广告投放,因为这类用户更有可能产生购买行为。另外,根据新媒体数据分析的结果,企业还可以掌握用户浏览商品的时间规律,了解其常用平台,从而选择更合适的时间和平台将自己的广告信息推送给更为匹配的用户。

通过新媒体数据分析,企业还可以知晓用户喜欢的广告风格和形式,从而为企业改善自身广告提供灵感,提升广告的播放率和完播率。企业依据数据分析的结果来投放广告,一方面能够提高广告的成功率,提高用户对自身产品的购买率,另一方面能够提高广告的精准度,从而减少运营成本。如用户在苏宁易购平台上浏览或者购买过某产品后,平台首页就会加大此类产品广告的推送力度。

3. 对销售效果进行预测

在大数据技术普及之前的传统营销时代,企业往往只能依靠人口数据或者样本数据来分析自己产品的使用效果。现在,互联网不再只是一项技术,它早已成为一种支撑社会生活的基础设施,成为社会生活的服务平台。社会生活正在逐渐走向物联化、智能化,所有的事物之间都存在着各种各样的联系,用户在使用互联网服务的同时,也在上面留下了自己的足迹,如自己的消费记录、浏览记录、位置信息等。企业可以通过对这些数据的整合分析来对用户的消费行为和消费体验进行判断。

大数据的主要功能在于对未知事物的预测,它可以把网络中的视频、图片、位置等碎片化的数据变成数字,进而从这些数字中提炼出有效信息,从而实现对事物的预测。通过新媒体数据分析,企业可以提前判断自己的产品适用于哪一类的用户、把产品价格定在哪种档次上能够实现最大效益以及产品采用什么样的包装才能更受用户青睐等一系列问题,从而在产品销售之前,对自己的产品效果或者销售情况进行预测。以天猫"双11"为例,企业可以在"双11"到来之前,发起产品预售活动,有兴趣的用户可以通过付定金的方式参加活动,用户在11月11日24点之前支付定金,定金在11月11日这一天会膨胀成原来的两倍,最终,用户可以用远远低于平时的售价购买到自己心仪的产品。同时,企业可以通过计算在线付定金的人数,判断产品在"双11"的销售量。

(二)新媒体数据分析与企业品牌构建

所谓品牌,是一个企业区别于其他企业的标识,它不仅具有利益属性和价值属性,还代表了一个企业的文化追求。品牌的构建是企业工作的重要组成部分,在新媒体时代,企业可以借助新媒体数据分析,加强品牌构建,助力企业的长远发展。新媒体数据分析对企业品牌的构建,主要是通过用户服务、品牌宣传两个方面来发挥作用的。

1. 用户服务

基于新媒体平台,用户可以直接与企业对话,企业也可以通过新媒体平台满足用户的咨询需求和售后服务需求。因此,新媒体平台产生了大量杂乱的、非结构化的数据,通过对这些数据进行分析,企业可以预测用户的需求以及隐性问题,从而为用户提供更加优质的服务,以增加用户黏性。以支付宝为例,它通过"我的客服"为用户提供咨询服务。"我的客服"分为"首页""发现服务"和"在线咨询"三部分,在"首页"的"猜你关心"一栏,会根据用户平时的浏览记录给用户推荐内容;在"发现服务"一栏,用户可以通过快捷工具进行关闭商家服务、提现额度查询、物料历史订单、余额自动转入等操作;当出现用户退款、未收到货、未享受服务或遇到交易纠纷等问题时,用户可以联系商家或对应平台查询,同时,支付宝还通过对用户的咨询数据进行分析,整理出用户咨询较多或经常遇到的问题,用户可以在"常见问题"栏目,根据自己的需要进行操作。

通过新媒体平台,企业能够与目标用户实现真诚且有效的沟通,通过对新媒体数据进行分析和整合,了解用户的内心需求,从而根据用户的喜好,来提升自身服务和产品的质量;同时,在采集分析数据的过程中,企业能够提高自己的适应能力和解决问题的能力,实现高质量经营,为用户提供更加高质量的服务。

2. 品牌宣传

品牌形象往往是企业形象的展现,将企业的实际与品牌定位紧密结合,能够得到用户的认同,增加用户对企业的好感。用户认同度越高、好感度越强,越有利于企业的长远发展。新媒体具有强大的用户聚集功能,利用新媒体平台,新老企业都可以进行强大的品牌宣传。

对新企业而言,他们可以通过分析新媒体平台上的数据,进行广告的全面推送,依靠媒体的力量引起受众关注,可以在短时间内让数量庞大的用户认识企业的品牌,实现品牌曝光。例如,国内新晋美妆品牌"完美日记"成立于2016年,知名度远远不及阿玛尼、迪奥等美妆品牌,但它在较短的时间内成长为最佳新锐品牌,这与它在抖音、微博、微信等新媒体上的强势宣传密不可分。

　　对于老企业而言，通过新媒体数据分析，根据分析结果做出决策，也是维护品牌形象的重要手段。企业在发展的过程中，必然会遭遇某些负面信息的困扰，但可以通过对新媒体平台上的数据进行分析，来助力解决公关危机，维护品牌形象。以意大利品牌 D&G 杜嘉班纳"辱华"事件为例，杜嘉班纳在 2019 年上海大秀的营销推广中，由于发布了一支带有歧视中国传统文化色彩的文化短片，在网络上引起了轩然大波，并且遭到了中国用户的强烈谴责和抵制。与其合作的单位和明星纷纷宣布终止合作，在上海大秀取消后的 12 小时内，中国各大电商纷纷下架其产品，时至今日，在中国各大电商平台上，仍然无法搜到该品牌产品。在遭遇危机时，杜嘉班纳本可以利用新媒体数据分析的结果，分析舆论的走向，进而采取合适的策略。事件发生后，杜嘉班纳的两位创始人发表了道歉声明，但是只发布在了中国的微博平台上，并未在其他海外官方社交账号中公开，这一举措，让中国用户愈加不满。一夜之间，杜嘉班纳失去了整个中国市场，其品牌形象跌入谷底。杜嘉班纳有此结局，实属咎由自取，固然不值得同情，但同时也给了中国企业一些启示，在遭遇危机事件时，要充分利用新媒体数据，掌握舆论走向，根据数据分析的结果，选择合适的策略来解决公关危机。

　　另外，企业也会遇到竞争对手在新媒体上诱导舆论、恶性竞争的情况。例如，近年来随着华为知名度的提高，该企业遭到了很多网络用户的抹黑，其中也不乏竞争对手故意"带节奏"。因此，企业需要借助新媒体的数据分析，以合理的方式应对这些舆论，以大众愿意接受的方式和话语体系来澄清事实，在新媒体上维护好企业的品牌形象。

第二节　新媒体数据分析工具与平台

一、新媒体数据需求及其目标识别

　　在大数据时代，海量的数据以及数据自身的多样性，意味着我们需要在繁杂的数据中找到有价值的信息。

　　数据分析的平台和工具是非常重要的因素，数据分析面临的主要挑战不仅在技术上,还在组织上。数据获取流程如图 5-7 所示。

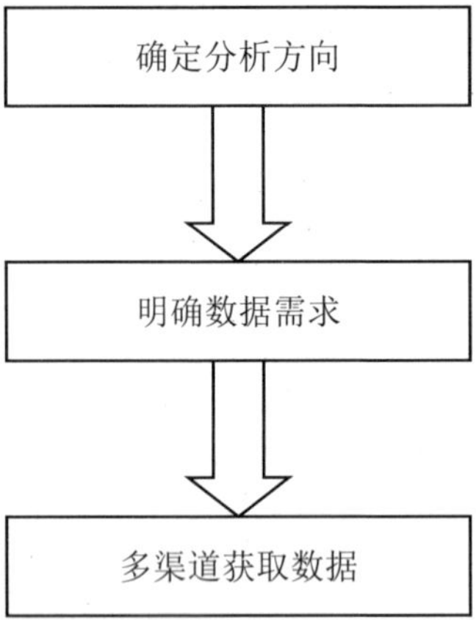

```
确定分析方向
    ↓
明确数据需求
    ↓
多渠道获取数据
```

图 5-7　数据获取的流程

根据不同需求,我们要对不同的数据进行组合,然后展开分析,从多角度考虑设计。例如,分析宏观背景,可以从年代变化、地区差异、政策等方面搜集数据;分析微观事件,可以从媒体关注、网民讨论、时间节点、扩散路径等方面搜集数据。表 5-2 罗列了部分新媒体数据分析目的及需要用到的数据组合供参考,便于后续的信息获取及可视化呈现。

表 5-2　不同数据需求下的数据组合

分析目的	需要分析的数据组合
对平台运营质量进行了解	网站流量数据 阅读数据 用户数据 活动转发与评论数据 内容数据
对新闻选题背景进行解析	网民关注度 地区差异数据 媒体报道数据 事件人物数据 年度变化数据
对品牌营销效果进行评估	最终销售额 目标达成率 失误率 用户增长数据 用户评价 过程异常数据

二、新媒体数据来源

新媒体数据主要是指在互联网和移动互联网等新媒体环境中,媒体资源内容生产、管理、运营以及用户参与、应用过程中所产生的数据集。新媒体数据来源丰富,本节主要探讨网络数据库大数据、网络社交大数据、网络行为日志大数据和网络舆情大数据四种数据来源。

(一)网络数据库大数据

所谓网络数据库大数据,主要是指基于传统数据库存储新媒体内容及相关信息的数据,如新闻内容数据、网络服务资源数据、消费者数据、用户行为数据、库存数据和账目数据等。

(二)网络社交大数据

网络社交大数据主要是指用户参与和使用新媒体社交平台、系统、软件产生的数据,具有杂乱、异构等特点。目前以"三微一端"(微博、微信、微视频及新闻客户端)为代表的新媒体平台产生的数据是网络社交大数据的重点。各平台后台都具有数据统计功能,用户数据、内容数据和效果数据等是各平台的数据资源共性,如表5-3所示。并且新媒体平台后台数据多数支持下载,可以以Excel文件方式导出到本地,供进一步分析应用。这些数据对运营者了解平台的运营情况、提升运营质量具有重要意义。

表5-3 新媒体平台后台统计数据

数据模块	具体指标
用户数据	用户来源 用户总数 用户性别 用户年龄 新增用户数 用户地区分布
内容数据	发布时间 发布数量 关键词

续表

数据模块	具体指标
效果数据	视频播放数量 图文阅读数量 评论数量 点赞数量

1. 微博的数据

微博作为分享简短、实时信息的弱关系社交网络平台,以其公共性和开放性吸引了越来越多的人参与,微博数据成为新媒体网络社交大数据中的重要组成部分。除微博后台数据外,微博的榜单数据(如热搜榜、同城榜、好友搜等)、话题数据(阅读次数、讨论次数、原创人数、实时热度等)和关系数据(传播路径、引爆点、情感值等)等也具有较高的分析价值。

2. 微信的数据

微信是腾讯公司于 2011 年 1 月 21 日推出的一个为智能终端提供即时通信服务的社交软件,依靠社会交往的强关系,吸引用户,增强黏性。随着微信新功能被不断推出,其社交价值、媒体价值、营销服务价值等越来越凸显,于是,获取与分析微信数据尤为重要。微信公众号后台数据(包括用户分析、内容分析、菜单分析、消息分析、接口分析、网页分析等数据)、微信支付数据、微信运动数据等都是值得分析的数据资源。

3. 抖音的数据

与传统的"图片+文字"的社交模式不同,移动短视频和微直播以更加多角度、戏剧化、实时化的特点成为当前媒介环境下用户媒介社交的主要方式。5G 技术的发展更为视频传播创造了有利条件,因此短视频平台产生的数据对视频推送、广告投放、关系衡量等具有重要意义,如抖音后台的用户数据、实时数据、品牌数据等。

4. 今日头条的数据

随着移动互联网的发展和移动端的普遍应用,新闻客户端成为获取新闻的重要途径,平台数据对运营者进行用户定位、标题修改、内容排版等具有指导意义。

(三)网络行为日志大数据

网络行为日志大数据主要是指新媒体设备、传感器等产生的数据,包括人为交易记录、浏览访问记录等数据,通常为结构化数据,主要以用户行为日志数据和日志内容数据两种为代表。

1. 用户行为日志数据

用户行为日志数据包括:
(1)用户每次访问网站时所有的行为数据,如访问、浏览、搜索、点击等;
(2)用户行为轨迹;
(3)流量日志。

2. 日志内容数据

日志内容数据包括:
(1)访问的系统属性:操作系统、浏览器等;
(2)访问特征:点击的 URL、从哪个 URL 跳转过来(Referer)、页面上的停留时间等;
(3)访问信息:Session_id、访问 IP(访问城市)等。

(四)网络舆情大数据

网络舆情大数据主要是指基于某热点话题或事件,大量用户通过新媒体方式参与而产生的数据,通常通过人工智能系统获取。随着新媒体不断进步和发展,用户的话语权不断加强,公众参与新媒体的广度不断增加,由此产生了点赞、评论等数据,产生的大量舆情数据也成为新媒体数据的重要来源。

三、新媒体数据获取平台

对新媒体数据进行考察和研究,目的是更好地服务用户。因而,在明确应用目的后,就要围绕中心目标通过多种渠道搜集和获取数据,从而从多方面、多角度来支持研究对象和应用目的,或发现问题和解决问题。能否广泛、全面地搜集和获取新媒体数据,对后续预处理、分析、可视化以及相关应用都有很大影响。新媒体数据来源丰富,数据获取方式也非常多元化。本节将重点介绍几种常用且具有代表性的数据获取平台。

(一)政府统计部门

目前,政府统计在促进经济社会发展中的作用日益增强,统计数据成为重要的战略资源。政府统计部门科学、完整、高效的统计体系,有利于保证数据的权威性和准确性。政府统计部门的数据通常会涉及社会经济发展的多个领域,因此也为诸多相关数据应用提供了较为直接和可靠的支持。在我国,政府统计部门包括国家统计局、省级统计局、市级统计局和区县级统计局,这些统计部门分别详细地统计了不同层次、不同区域的各类数据。

(二)互联网部门及专题网站

互联网部门及专题网站主要由互联网官方部门和互联网行业部门组成。诸如中央网信办、国家网信办和中国互联网信息中心等提供的数据可归属为互联网官方部门的数据,而像中国互联网协会、中国互联网金融研究会等提供的数据可归属为互联网行业部门的数据。

(三)系统日志采集

企业或单位的业务平台每天都会产生大量的日志数据。日志数据是用户访问的行为轨迹类据,对日志数据进行收集和相关分析对于了解用户偏好以及自我平台的优势、不足等具有重要意义,能够帮助运营者发现问题、分析问题和解决问题,并使其做出更为科学的决策。日志数据来源于日志来集系统,高可用性、高可靠性和可扩展性是日志采集系统所具有的基本特征,如图 5-8 所示。

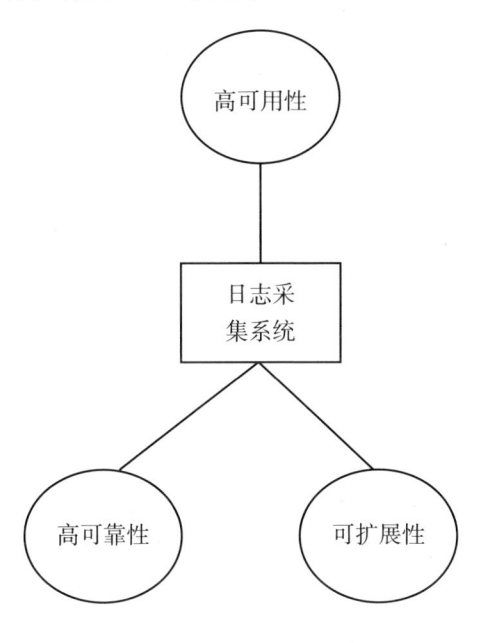

图 5-8　日志采集系统

(四)Web 数据抓取

Web 数据抓取即通常所称的"网络爬虫",指的是根据相关的主题或关键词批量、快速地从网站及新媒体平台上提取信息的一种计算机软件技术。Web 数据抓取程序模拟浏览器的行为,能够提取浏览器上显示的任何数据,因此也称为屏幕抓取。Web 数据抓取的最终目的是将非结构化的信息从大量的网页中抽取出来以结构化的方式存储。

Web 数据抓取通常需要利用计算机程序设计语言进行程序编写，而且针对不同的需求和不同的抓取对象，程序的编写也有所差异，因而对于普通的用户来说具有较大的难度。而相应工具的应用为这一功能的实现提供了巨大的便利，也大大降低了操作的难度。

第三节　新媒体数据分析推广

一、数据营销

随着信息技术的广泛应用和用户行为模式的转变，数据正作为一种信息在用户和企出之间飞速传递。急速的信息膨胀效应和大数据产生的商用价值正在改变现有的营销模式和企业的其他活动。亚马逊基于用户浏览行为创建个性化推荐系统，优酷通过用户和网友的评论意见设计并更新互动直播剧，淘宝与新浪微博达成链接分享、账号绑定、分众数据提供等多种形式的商业合作。不同行业的企业和用户都得益于大数据的实际应用价值，而如何收集并使用大数据也成为广泛关注的重要议题。

（一）数据营销的概念

所谓数据营销，是指通过互联网采集大量的行为数据，收集和积累现有用户及目标用户大量的信息，经过处理后预测用户购买某种产品的可能性，以及利用这些信息给产品以精确定位，有针对性地设计营销方案达到说服用户购买产品的目的。数据营销是在互联网与数据科学技术发展基础上逐渐兴起和成熟起来的一种市场营销推广手段，在企业市场营销行为中具有广阔的发展前景。它不仅是一种营销方法、工具，更重要的是一种企业经营理念，也改变了企业的市场营销模式与服务模式，从本质上讲改变了企业营销的基本价值观。通过数据库的建立和分析，企业对用户的资料有详细全面的了解，可以给予用户更加个性化的服务支持，使"一对一"的用户关系管理成为可能。

（二）数据营销的意义

数据营销对企业市场营销有三大意义，如图5-9所示。

1.意义之一：精准发掘最具价值的用户

广告推广的目的在于发掘潜在用户的消费需求，增加企业产品销量。传统的广告推广主要采用大众推广和分众推广的战略，随着互联网数据的不断渗透与升级，大众信息更多地暴露在大数据中，这里记录着每一个个体的个人信息，如家庭住址、工作单位、工作性质、个人购物喜好、支付习惯、浏览互联网动态等，对这些数据进行逻辑化分析计算，便可以更迅速准确地挖掘出不同用户的需求，实现营销信息的精准推送。

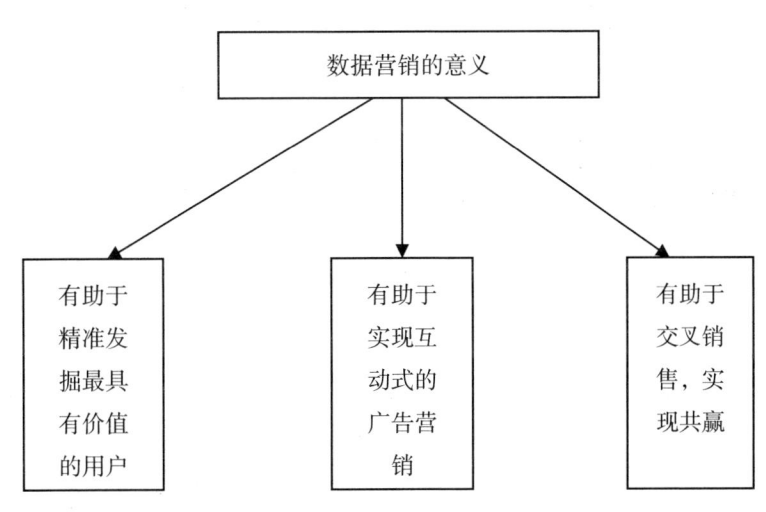

```
          ┌─────────────────┐
          │  数据营销的意义  │
          └─────────────────┘
         ↙          ↓          ↘
┌──────────┐  ┌──────────┐  ┌──────────┐
│ 有助于   │  │ 有助于   │  │ 有助于   │
│ 精准发   │  │ 实现互   │  │ 交叉销   │
│ 掘最具   │  │ 动式的   │  │ 售，实   │
│ 有价值   │  │ 广告营   │  │ 现共赢   │
│ 的用户   │  │ 销       │  │          │
└──────────┘  └──────────┘  └──────────┘
```

图5-9　数据营销的三大意义

2.意义之二：实现互动式的广告营销

在以往的营销推广中，用户只是被动接受，随着互联网的发展和移动端的普及，大众用手机和平板电脑浏览信息，越来越即时和便捷，更多的用户会点击感兴趣的网站，对产品广告进行了解、互动、反馈和沟通。大数据在互动式营销过程中起到了重要的作用,企业根据移动互联网平台所产生的有效互动数据评估传播效果,响应用户的需求,继而对下一次的推广进行优化。

3. 意义之三:交叉销售,实现共赢

在大数据背景下,用户购买产品的信息被记录、存储起来,企业对这些数据进行分析,可以发现消费的关联性,结合用户的行为分析,验证产品交叉销售的合理性,挖掘交叉销售的机会,对完全不同的产品进行捆绑销售,实现双赢。

如今,新的应用和新的商业模式颠覆了以往竞争的形态,大数据改变了世界的竞争规则,掀起了整条产业及商业链的风暴。大数据时代的营销思维亦从"经营产品"转向"经营用户",大数据提供观点,帮助企业转型,改变以往营销从经验出发推测用户爱好、但缺乏统计用户行为的实证数据与诠释的方式。从感性推测到理性分析,企业的任务是找出"想用数据解决什么问题",当大数据遇上营销,大数据营销就演变成了一场超越时空的虚拟战争。

二、新媒体数据营销

(一)新媒体营销

所谓新媒体营销,是企业利用新媒体平台对用户进行针对性的营销模式,从本质上来说,它是企业的商业策略在新媒体形式上的实现,借助媒体表达与舆论引导的方式,使用户认同某种概念、观点,从而达到企业品牌宣传、产品销售的目的。

(二)大数据为新媒体营销带来的契机

1. 使新媒体营销行为数据化

在大数据背景下,传统营销的模式被打破,数据成为企业与用户之间的桥梁。

一方面,用户通过新媒体平台获得产品或相关的服务信息,通过比较和判断从而进行选择。

另一方面,用户在获取产品信息时也留下了个人信息,企业通过分析用户信息来了解用户消费习惯、日常喜好等,从而调整自身产品,优化营销渠道。大数据的到来使新媒体行业对用户信息的获取更加数据化,从而提升新媒体行业品牌的决策效率。

2. 使营销更加精准、有效

传统营销方式是以产品来促进消费的,产品的生产早于用户的审美和实际需求,企业对于用户的真正喜好和需求考虑有欠缺,而大数据时代下的营销能够保证产品推荐更加精准、有效,符合用户的实际需求。随着移动端的普及,手机逐渐成为信息的第一接收口,新媒体的作用则越来越凸显。企业可以根据用户账户填写的个人信息资料、浏览足迹以及网络消费行为来判断用户的类别和喜好,从而改进产品内容以及进行个性化推荐。相比之下,大数据时代下的营销是以用户的审美标准和实际需求为导向的,实现了"大规模个性化转换"。

3. 调整与优化新媒体品牌营销

数据在新媒体品牌营销中的"流动"使品牌营销的目标更加明确,也使一切可追踪、可衡量、可优化,从而造就了以数据为核心的营销圆环,拉近了新媒体网站品牌与用户的距离,很大程度上加强了用户与新媒体网站品牌的情感交流,这种与数据环环相扣的营销方式有利于品牌战略的及时调整与品牌优化。

4. 提升网络媒介渠道价值

大数据产生于网络,又服务于网络。企业通过大数据获得用户信息、争取用户这一过程使网络媒介这一渠道价值提升。另外,当新产品上市进行营销推广时,企业通过对所得数据整理,提取用户意见,使用户参与到产品的设计制作当中,并成为最终的购买者,增加产品销量,达到营销效果。

三、新媒体数据营销推广

新媒体数据营销推广是指在新媒体环境下,新媒体运营者通过运用各种新媒体平台自有工具或第三方工具,对推送内容、用户画像等进行数据化的采集与处理分析,从而更好地洞察运营质量、预测运营方向、控制运营成本、评价营销方案,这也是新媒体数据分析在营销推广领域的重要应用和价值所在。新的营销时代催生了新的营销手段,在当前大数据时代,新媒体领域的竞争逐渐白热化,新媒体运营模式也逐渐从购买广告位的模式转到精细化运营的模式上来,数据分析对于新媒体运营来说就起着至关重要的作用。

第六章 新媒体营销的应用领域

随着新媒体不断发展,必然对一些相关领域产生巨大的冲击与影响,促进一些传统媒介走上与新媒体融合的道路。新媒体的形态是多样的、自由的、交互的,因此须将新媒体融入传统领域,促进其发展与进步。下面就对企业品牌形象推广以及农旅界、美妆界、娱乐传媒界的新媒体营销展开探讨。

第一节　企业品牌形象推广

一、品牌形象战略

可口可乐、柯达、耐克、索尼……这些世界知名的公司主要就是依靠品牌形象制胜。那么，什么是企业品牌形象？怎样搞好这个形象？对于企业的发展来说，CI（企业形象识别）的导入是取得成功的一个势在必行的趋势。

20世纪50年代，CI战略首先出现于美国，60年代传入日本，并经历一次较大发展，70年代末传入我国台湾和香港，80年代末传入大陆。CIS（Corporate Identity System），即企业形象识别系统，是对CI进行运用的一种系统方法，通过传送系统，将企业的文化理念传达给社会大众及内部员工，并获得他们认同的一种方法系统。"优良的设计是良好的买卖"成为20世纪50年代广告、形象设计界令人鼓舞的呼声。人们认为设计是形成质量和可靠性声誉的主要方式。

哈佛商学院等院校开始在工商管理人才培训计划中体现企业识别和企业形象的内容，大公司和商业机构逐渐认识到在各种不同群体的阶层中，需要发展一个企业识别（CI, Corporate Identity）和形象。这种视觉识别系统远远超过以往的商标或标识设计，它把一个特定机构的所有信息统一成一致的设计系统，公司藉之建立一个一致的形象，帮助实现可识别的目标。使用CI的先驱是经营打字机和计算机的德国AEG公司。

对CI的成熟运用，BM是成功的代表。设计师兰特（Paul Raud）对1930年由特伦伯（Georg Trump）设计的IBM商标重新设计，形成有力和独特的字母形象。20世纪50年代末，兰特为IBM设计的公司文件格式，不仅树立了长期的标准和风格，同时也传达了公司先进的技术和机构效率。从IBM开始，CI的运用成为一个发展的设计规划，并有内部的专职部门负责，与外部的设计顾问们合作，保持公司视觉形象的连续性和高质量。

第六章 新媒体营销的应用领域

二、品牌形象推广的策略

品牌建立是一个如同西天取经般漫长而艰辛的过程,只有坚持投入并耐心等待才可能修成正果。至于快速建立品牌,只是一种美好的想象。那么,在中国内地市场,到底是否存在快速建立品牌的机会呢?如果存在,它们隐藏在哪个隐秘的入口呢?

在快速建立品牌的路途中,经常碰到的是以下一些绊脚石:

(一)先行占位

先行占位这块绊脚石意味着已有强势品牌抢先在消费者头脑中占位,品牌忠诚度高,如欲取而代之远非一朝一夕之功。面对这块绊脚石,可以通过思考以下问题发现解决之道:这个领导者长盛不衰的秘诀是什么?他是不是已经老迈虚弱了?他是否显得有些土里土气?他有明显的自傲情绪吗?他是不是想讨好所有的人?他的软肋隐藏在哪里?他是不是听不进别人的意见?跟他合作的人的收益怎么样?他的跟随者是不是已经明显厌烦他了?他最令人讨厌的特征是什么?他近来的活动是否很庞杂?近来是否很少听见他的声音?等等。即便是在有绝对领先者的业务领域,由于消费者多元化选择的需要,以及零售商平衡供应关系的需要,依然存在快速建立品牌的契机。例如,饮料领域中的椰子汁、杏仁露,显然"椰岛""露露"占有了极高的市场份额,也因为这类产品属于低收益领域,它们凭借规模生产降低成本和排他性的终端封锁等手段严密保护着自己的市场,但由于第二品牌、第三品牌的明显缺失,导致这些产品的品牌关系明显不合理。在这样的背景中,自然存在快速建立品牌的机会点,只是由于这类产品的低收益性,要求后进者必须拥有特别的资源优势、强大的资本支持和金牌运作团队才有可能快速成长为名副其实的市场竞争者。

（二）媒体分化

快速建立品牌,要求品牌经营者必须通过媒体投放或者其他的传播形式迅速提升目标品牌的知名度和认知度。在中国内地媒体的黄金时代,新近品牌可以通过"标王"之争一鸣惊人,但如今传统媒体势力版图迅速分化,大众媒体正在向分众媒体全面转型,不仅传播成本高昂,而且已经难以通过传统的广告拉动一呼天下应。面对这块绊脚石,我们需要考虑的问题是:有没有超级媒体货架?有没有高注意力的媒体传播契机?能否利用媒体联动实现低成本的传播可能性?新兴的媒体只是补充媒体吗?在媒体之外,是否可能找到具有核爆炸效力的炒作点?等等。在媒体分化加剧的大背景下,单纯使用广告投入势必难以支持目标品牌的快速而持续地成长;相反的,非媒体传播方式的选择不仅可以让新进入者避开先行者的"围剿",更可以降低传播成本,迅即建立品牌生存空间,进而谋求与市场领导者分庭抗礼。作为饮用纯净水市场的后来者,"农夫山泉"之所有能够后来居上,奠定强势品牌的地位,固然与其强有力的广告拉动相关,但更为重要的是,它利用自己的产地优势,充分发挥了系统缜密的整合传播的优势,挑起"天然水和纯净水孰优孰劣"之争,吸引了无数消费者的注意力,从而借势攀升,迅速建立起品牌知名度和差异化的品牌形象。

（三）消费理性

随着产品供应相对过剩,消费教育持续进行,使得消费趋于理性,消费选购清单相对清晰,消费者对新产品诱惑的免疫水平提高,期望依靠习惯的概念包装或者时尚说辞远不足以吸引消费者。面对消费理性,我们需要积极思考以下一系列问题来求得新品牌的进阶之道:目标消费者的消费需求是物质性的还是精神性的?他有哪些隐藏的需求没有被发掘出来?他的同伴的消费缺憾是什么?他的消费趋向是什么?在他的消费经验中,他最为称道哪些品牌?如果市场上要出现一个新品牌,他希望这个牌子会是什么样子呢?等等。在消费理性的同时,我们当然不要忘记消费感性的存在。理性和感性混杂在消费者的消费决策过程中,即使是像住宅这样的重大消费品也莫不如此。认真研讨消费理性视角下的新品牌锻造之策,不忘运用感性销售术,自然可以赢得他们的厚爱。如万科地产在成功推出万科四季花城、万科城市花园和万科金色家园系列住宅地产后,面临着如何融合理性消费需求和感性消费需求迅速创立高附加值的海景地产、湖景地产项目品牌的新压力。作为万科地产在深圳推出的第一个海景地产项目,地处深圳大梅沙的东海岸项目定位于"大型海岸生活社区",一方面发挥其独特的海滨资源优势,另一方面通过建筑产品及其形成的生活空间,向目标人群表达"崇尚自然,追求健康、休闲"的生活方式。

第二节　农旅界新媒体营销

一、农产品新媒体营销

(一)农产品营销的定义

农产品营销是指为了满足人们的需求和欲望而实现农产品潜在交换的活动过程,农产品营销要求农产品生产经营者不仅要研究人们的现实需求,更要研究人们对农产品的潜在需求,并创造需求。农产品营销包括市场调查、产品定价、产品促销、产品储运、产品销售等一系列经营活动,涵盖了从生产到经营到消费的全过程。农产品营销的根本任务就是将生产出来的产品通过流通渠道以合理的价格销售给消费者,满足生产或生活消费的需求。

(二)农产品网络营销与推广

农产品网络营销主要是指以互联网为途径而开展的关于农产品的营销活动,包括在互联网上发布农产品的信息、市场调查、促销、交易洽谈、付款结算等活动。农产品网络营销的经营模式如下:

1. 企业与消费者之间的电子商务（即 B2C 网络营销模式）

此种模式如卓越、亚马逊、当当网、京东、抖音。例如，浙江遂昌模式是由网店协会派出专业的采购团队，收集遂昌当地的农特产品，在县城建一个实体超市，展示当地所有农特产品，在网上建一个特产分销商城。其模式的核心是：社团形式的网店协会和企业性质的遂网公司为主的服务商综合体；网商、服务商、供应商、消费者与社会构成共生电商系统；农民合作社、农业企业、旅游服务公司；政府支持硬件、软件环境等。例如，2021 年湖北省黄冈市罗田县骆驼坳镇燕窝湾村的第一书记徐志新带领村民以抖音电商直播带动乡村振兴，翻新了家乡的面貌。

2. 消费者与消费者之间的电子商务（即 C2C 网络营销模式）

此种模式如淘宝网、拍拍网。

3. 企业与企业之间的电子商务（即 B2B 网络营销模式）

最典型的是阿里巴巴。

4. 线下商务与互联网之间的电子商务（即 O2O，线上对线下网络营销模式）

此种模式如旅游门票团购。这种模式可概括为经典三部曲：顾客到实体店体验和选购；与实体店或基地签约；由基地直接配送或顾客到实体店自取。

5. 微营销模式

成县位于甘肃省南部的陇南山区，在陇南市北部偏东位置，其电子商务的快速发展，同当地的"核桃书记"李祥密不可分。李祥是成县县委书记，他在微博上注册了实名认证的微博，他不遗余力为成县核桃做推广,起到了农产品推广大使的作用。

【新媒体案例】

第一书记徐志新直播助农4个月成交额达2000多万。

短短4个月,谷哥抖音粉丝从4万人增至24.9万人,共实现网上成交40余万件,50多万人购买,围观人数累计8000余万人次,最高纪录进入同时段全国带货榜第一名,叫响了"谷哥直播间,您北纬30°的菜篮子"!他被网友形象地称为"徐书记是律师里最牛的农民,农民中最牛的律师!"

谷哥的助农直播带货为什么能这么火呢?

(1)创新思维,用讲故事带货,吸引粉丝注意力,边看边听边买。

(2)对产品有感情,这些产品都是自家一手生产的,买自家产品,打造"北纬30°的菜篮子"。

为何以"北纬30°"为名?徐志新说,黄冈横亘位于北纬30°,四季分明,《本草纲目》记载的1892种药材,有千余种在黄冈境内。直播带货,看似是卖产品,其实是拼人品,"产品如人品,选产品就是选人品。"但凡是他卖出的货品,件件有质量保证。

(3)克服孤岛思维,打通"人货场"供应链,唱响"黄冈乡村第一书记助农直播"品牌。要想满足市场竞争需求,必须讲究效率,所以从分拣、称重、打包、贴送货单到装车,他们都是一线式流水操作,保证48小时内发货。

"世界板栗看中国,中国板栗看罗田,罗田板栗看谷哥怎么吃!"

在谷歌的直播现场,徐志新不停地与网友做着互动,金句不断,高潮迭起,在讲故事的同时引入产品,气氛热烈。凡是来过谷哥直播间的网友,都纷纷为徐志新点赞。拥有多重身份的徐志新,在创新的路上一次次勇攀高峰,盘活了家乡的绿水青山,改善了村民的生活,为后代留住了金山银山。

二、旅游产品新媒体营销

传统媒体营销模式已经不能满足游客的需求,而以互联网和手机为代表的新媒体则为景区的宣传促销、旅游产品服务提供了更为广阔的平台。新媒体充分借助网络传播手段的即时性、实效性和互动性,能将有关信息及时发布,使游客及时掌握与景区相关的各类资讯信息,从而赢得游客的好感和舆论支持,使良好的经济效益和社会效益并存。以新媒体建设为重要手段的景区大营销日益成为景区与游客互动的纽带和桥梁,成为景区吸引游客、服务游客、满足游客的必要手段,也成为景区进一步发展的制胜法宝。

(一)旅游业的"航空母舰":连锁营销

随着全球经济一体化的发展和我国旅游市场的放开,国外旅游集团、饭店集团纷纷涌入我国,以强大的攻势在我国市场上夺城拔寨,连连得手,攫取了巨额经济利益。仅是饭店行业,跨国饭店集团就以其占资源总数不足10%的接待能力,囊括了90%的行业利润,成为我国改革开放的最大受益者,这足见集约化经营的优势。国外旅游集团看好中国旅游市场,均实施品牌国际化战略,继续扩大在我国的连锁企业。我国旅游业要与国际接轨,参与国际竞争,也必须走集约化道路,连锁营销,以强大的攻势,夺回自己的市场,开拓国际市场。那些毫无特色,又不联合的旅游企业,在国际竞争国内化、国内市场国际化的21世纪,是绝无出路的。在危机的驱动下,我国有眼光的旅游企业已经开始实施超前发展战略,抢占技术的、经营的、市场的制高点。

(二)旅游企业的新式利器:网络营销

1. 旅游离不开电脑和网络

20世纪的最大创造就是计算机技术的产生及网络化的迅速发展,如今电脑已渗透到人类生活的各个方面和各个领域,在21世纪,人们将离不开电脑和网络,网上生活、网上工作、网上购物、网上旅游、网上娱乐、网上聊天、网上结算……无处不在。人们已不能忍受没有电脑和网络、与世隔绝的封闭生活。大量的旅游者不再是被动的接收者,而是参与到创造信息的活动中,成为信息的发布者。信息社会的发展,改变着人们的工作、学习、生活和娱乐的方式,这意味着未来的旅游消费将打

第六章　新媒体营销的应用领域

破旅游供给的限制。

21世纪,电脑更新换代的速度还将进一步加快,并且会越来越快,给旅游业这一朝阳产业不断带来新的曙光,给旅游企业带来机会和挑战。以电脑业发展为基础,信息产业的发展和网络的全球化,使旅游企业以一种全新的方式进行自己的营销活动,用较低的成本将活动范围扩展到全国、全球,参与国际市场竞争。在信息时代,信息就是旅游企业营销的核心资源,没有信息,企业就没有方向,信息不灵,企业的方向就不明。而最快、最多、最全面的信息来源就是互联网络,因此旅游业也将离不开电脑,离不开网络。

2. 虚拟景点

21世纪,在Internet的信道上传递的旅游信息不仅有文字的、图像的、声音的,还能模拟出旅游的动态场景,可以通过电话与画面中的人物对话,如身临其境。世界上已有二十多个国家的二百六十多家旅游公司在互联网上拥有网页或建立了网上虚拟景点,游客只需通过电脑支付一定的费用,足不出户就可在网上周游世界,享受逼真的模拟旅游的乐趣,人们还可以通过网络购买旅游商品。

如一家由东京池袋First Airlines餐厅主打的"虚拟旅行"吸引了大家的眼球,它是以VR为媒介,通过VR技术,用一顿饭的时间环游世界,开创了"VR+餐厅+旅游""用一顿饭的时间,就能环游全世界"的新颖用餐方式。其"VR+餐饮"的沉浸式虚拟旅行,让游客足不出户亲身体验全世界的美景,获得了广泛关注,吸引了更多人慕名前来体验。在120分钟的体验时间中,就能全方位感受不同国家与地区的风土人情与当地美食,以及颇具特点的穿越时空旅行,还有一流大厨精心定制的美味"飞机餐"。多块大屏幕都会模拟出"窗外风景"和"天气变化"除此之外,还会派发VR眼镜,让游客们进行观光体验。在影像和音效的配合之下,360°全方位无死角感受所选目的地的风土人情。

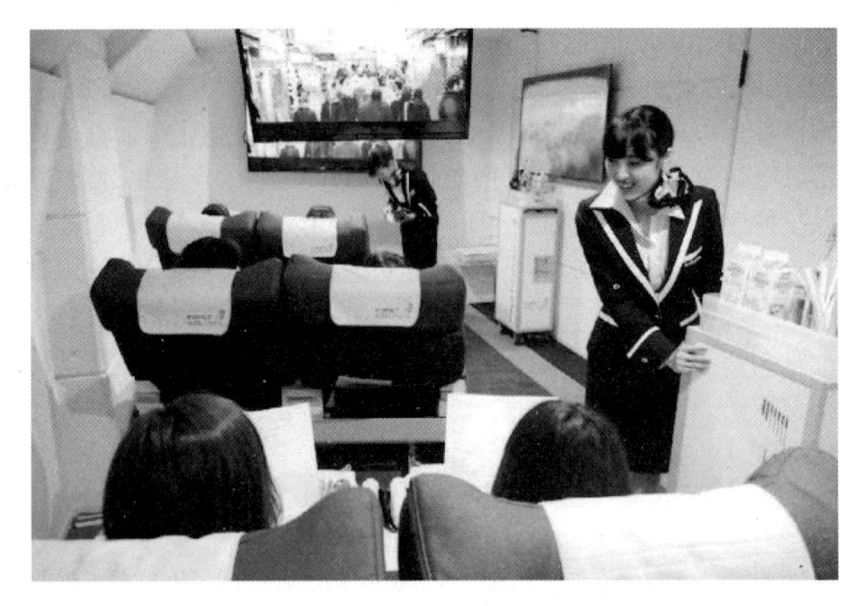

东京池袋 First Airlines 主打的"虚拟旅行"餐厅

3. 没有门市的旅行社

　　旅行社通过门市进行销售的传统方式以其亲切、安全广为旅游者所接受,一直占据着主导地位。然而,网上直销方式的发展向它提出了挑战。如"明日无界"推出的无店旅行社加盟,就是一个可以满足旅游爱好者与投资者需求的好项目。采用无店旅行社经营,告别店铺,既能节省成本,也不用局限在门店上,整个经营方式灵活且多样化,游客也不用再去订购车票和选择旅游套餐,只需要用"明日无界"的旅游卡,就可以体验各种各样的精品游,加盟商只要通过售卖旅游卡,即可获得高收益。

4. 智能化饭店

　　智能化饭店是计算机技术、通信技术、信息技术、建筑艺术的有机结合,饭店所有设备、信息资源的管理和使用全部自动化,通过高科技的应用,集合和扩展饭店服务功能,如多功能可视电话、多媒体技术、电子邮件、卫星通信计算机国际互联网络、智能保安与环境控制、高速交互式视屏点播、同声传译会议、饭店寻呼等,为旅游者提供安全、高效、舒适、便利、灵活、有序的优化组合产品。

很多酒店都在做智能化服务升级的尝试,无接触服务、服务机器人等成为连锁酒店标配,就连路边的单体酒店,也会在客房配备一些智能硬件。华住、锦江、首旅等酒店集团头部企业近几年纷纷向智能酒店转型,"尚美生活集团"甚至在2022年7月更名为"尚美数智科技集团"。

2019年之前,由于技术发展尚不成熟,酒店企业布局智能酒店大多只是尝试,某些酒店的特殊设计也只是为了"吸睛"引流。例如阿里巴巴曾经推出的无人酒店,引得很多网红、自媒体博主前去打卡取材。

2019年之后,数智化转型升级就演变为酒店企业的必选项。"无接触服务"成为酒店刚需,且酒店行业整体承压,数智化转型可以帮助酒店企业"降本增效"。服务机器人、自主入住机、酒店APP等智能化软硬件能降低基础服务人力成本,同时解放的人力也可以用于为消费者提供更好的服务。另外,利用大数据、物联网、云计算等技术的数字化管理工具提升了酒店企业运营管理效率,例如数字化管理分析工具可以更好地帮助酒店量化服务质量继而改进。

国内酒店集团在疫情之后的数智化转型动作纷纷按下加速键。

首旅如家在疫情期间为恢复经营曾推出"放心酒店",用户可以通过手机客户端和酒店自助机完成下单、续住、退房等手续;汉庭对酒店进行了智能化改造,不仅配备自带烘干、消毒功能的自助洗衣房、咖啡机等设备,还在屋内配有功能丰富的智能语音控制系统来控制智能设备;尚美数智也宣布与涂鸦智能、美团、腾讯云合作,分别打造智慧酒店AI经营管家、住宿云,而智慧酒店可以提高旗下产品的智能化体验,AI经营管家可以提升尚美的运营效率,住宿云则可以帮助共建品牌共享数字化平台能力。

【新媒体案例】

丁真走红背后：文旅与营销的完美结合

2020年11月11日，摄影师胡波拍下藏族汉子丁真的视频，在这段仅7秒钟的短视频中，一位肤色黝黑、身穿藏族服饰、有着标志性高原红和清澈眼神的小伙瞬间迅速收获近500万点赞。

丁真凭借着纯真笑容迅速走红。网友喜欢丁真，始于藏族特色的颜值，陷于不加修饰的纯真。微博上仅"#丁真#"话题阅读量高达20.5亿，讨论量达32.4万次。

而突然爆火的丁真也自此掀起一场"现象级"的旅游营销。丁真走红后，"国家队"火速出手，四川甘孜理塘县国资委下属的仓央嘉措微型博物馆与丁真签约，让丁真担任理塘县旅游形象大使。值得一提的是，丁真还引发了一场全国"抢人"大战，四川借势、西藏插足，多个话题霸占微博热搜，各省各地为了宣传旅游也是争相邀请丁真前去旅游，关注度持续发酵，形成了"丁真现象"。

丁真的出现，带火了理塘县的旅游经济，同时也向全国人民打开了文旅新世界的大门。从"丁真与理塘"的故事来看，这也许是地方文旅营销方式变迁与进阶的一大拐点。

下面我们来看看各地政府是如何将文旅与营销完美结合的。

信息化时代，速度永远是攫取流量的不二法门。丁真的走红虽然充满了"意外""巧合"等因素，但四川甘孜文旅、四川本地主流媒体对社会热点的持续关注和后续一系列操作也起到了不容置疑的推动和引导作用,从丁真开始在网络上崭露头角,到媒体线上直播采访丁真、官方发布丁真视角宣传片等仅仅用了半个月的时间;当大众误会丁真在西藏时,"@四川日报""@四川观察"等本地媒体再次精准出击,与各地官方媒体、政务官博互动,强势拉回舆论对四川的关注。

四川甘孜州政府在制作宣传片《丁真的世界》的同时,制定并推出了相关旅游优惠政策,以美景吸引眼球,以福利带动行动。甘孜州政府借此向广大民众发出冬游邀请,顺势宣布全州旅游优惠政策,2020年11月15日至次年2月1日,全州所有景区(含67个A级景区)对广大游客实行门票全免,还有机票、酒店打折等优惠活动。甘孜政府这一快准狠的组合拳也获得极好的传播效果"#四川甘孜A级景区门票全免#"成为微博热门话题且阅读量破亿,为实质性拉动当地经济增长、打好脱贫攻坚战打下基础。

在整个过程中,四川文旅部门率先出手,借丁真视角展现理塘自然风情,催生了明显的旅游带动效应。随后,西藏、青海、甘肃、云南多地敏锐地捕捉到丁真自带的藏域特征,纷纷加入进"抢人"并借势推广当地文旅的队列中,打造了一个别开生面的文旅行业营销实例。

一个人物让一个地区走红,结果并不让人意外,但"丁真效应"声势之大、效果之强,使其具备了更多审视评估新内容时代文旅营销逻辑与路径的价值,或者说这是一个天时、地利与人和相结合作用的案例。

天时,短视频成为营销新渠道、新平台,即时传播、大范围覆盖、裂变效应,成名只需要15分钟;

地利,丁真家乡理塘及甘孜州美丽、纯净的原生态自然风光,有着独特性、差异化;

人和,丁真的颜值形象、质朴心态,是当前审美疲劳中的"清流"。

由此延伸,其实就是流量+内容、IP+场景、线上+线下等多维度融合的营销打法正在形成,重构文旅营销模式。

沿着这些信息,可以分两条主线来看围绕丁真的流量竞夺和营销狂欢。

主线是理塘以及甘孜州,它们在丁真走红后,第一时间跟进宣传(比如推出上述宣传片),并持续通过抖音短视频及相关话题维持流量、做高流量,及时将丁真与目的地强关联,互相加分,及时导流寻求转化;另一条主线是四川文旅与其他省市之间围绕丁真的"较量",大家虽在"博弈",但实为互攒一局,让"丁真"高热不退,各自分羹流量,尤其四川文旅与西藏文旅官媒的"相杀相爱",是为典型。

而沿着这两条主线再做拆解,会发现在这次目的地营销狂欢背后,除了相对表面的无成本"蹭热度"外,更多折射出在更激烈的竞争态势中,目的地破圈走红的切切之心,以及远短于15分钟成名的新定律下网红易有、亦容易迅速褪色的新营销语境。这一语境同样至少有两个核心,新内容与新渠道。新内容体现在一个人物、一个项目或一个现象等将目的地捧红后,目的地如何通过更有效的文旅内容,将营销的势能扩大、潜能释放,形成品牌或IP效应;新渠道则是以抖音为代表的短视频,重新构建或重塑了文旅营销的逻辑、路径,既为新内容提供载体,也倒逼内容做出变革创新。

此次事件中各地文旅部门在新媒体宣传语境下营销思路的变与活,通过主动、正向的引导和稳健的把控,成功地将网络红人、数据流量的短期大势,转化为长线的、辐射性的文化旅游经济带动力;成功地将网络红人形象巩固发散为文旅品牌形象,为文旅产业版权内容建设带来了更生动、更富有挖掘性的创意蓝本,为文化旅游创意发展注入更多源头活力。

不止如此,数字内容呈现、数据流量发酵、数字传播语境……这些关键词指向的更是一种数字化文化旅游产业的发展思路。要推动数字化技术创新和应用,对文化旅游资源进行数字化转化和开发,文化场馆、景区园区、文娱场所等应加强探索开发符合自身特色、具有鲜明特点的数字化产品和服务,将创作、生产和传播向云上拓展;文物、非物质文化遗产可以更多地通过新媒体传播推广,线下文艺资源、文娱模式也可以尝试数字化转变,创新表现形式,深化文化内涵。要培育文化旅游数字化新型业态,充分开发文旅资源版权价值,促进文化旅游资源与短视频、网络直播、社交电商、云展览等数字新经济结合,发展旅游直播、旅游带货、云旅游等线上内容新业态。要运用数字化思维,促进形成政企媒体多方参与、高效联动、信息共享的文旅宣传体系,要能准确把握消费市场心态,发现热点、制造话题、正确引导、长线运营,瞄准潜在消费者,做到"正中红心"。

第六章　新媒体营销的应用领域

（三）旅游业持续发展的唯一途径：绿色营销

1. 绿色时代应有绿色行为

一个保护生态、优化环境的时代已经到来。20世纪80年代末人类明确提出了绿色营销的新概念，预示着人类跨世纪营销活动的新飞跃。1992年，世界环境与发展大会之后，绿色营销与持续发展的问题日益引起国际社会的普遍关注。

所谓绿色营销，是企业以环境保护观念作为经营指导思想，以绿色消费为出发点，以绿色文化为企业文化核心，以充分利用并回收再生资源、最大程度减少不可再利用垃圾为原则，为实现可持续发展、造福后代的目的而进行的营销策划与实施的过程。其核心是协调营销活动同自然环境的关系，不仅考虑自然环境对企业营销的影响，更注重企业营销对自然环境的冲击。

绿色营销观念的提出和完善对旅游行业有着重大意义，它纠正了人们对旅游业是"无烟产业"、不会造成环境污染的错误观念，使人们看到旅游业同样会对环境产生负面影响，它的无序发展还会对环境造成破坏，带来不可挽救的损失。例如，游人进入生态旅游区后的随意践踏和采摘，食用国家保护的野生动植物，因开发景区而造成资源的损毁，景区、度假区、饭店的生活垃圾以及对自然资源的大量消耗等。所以，旅游业同样必须进行绿色营销，绿色营销赋予旅游业的是持久的活力。

随着绿色时代的到来，旅游企业已经开始行动，以自己的绿色行为将社会效益、经济效益与环境效益结合起来，使自己的产品更具时代特色，更有竞争力。

2. 绿色饭店

饭店是高消费的场所，必然要占用和消耗大量自然资源，排放大量的废弃物质，造成对生态环境的污染。绿色营销观念的提出，对饭店业产生了积极的影响，一些饭店开始认识到保护环境与饭店利益的一致性，进行绿色营销对饭店有百利而无一害，于是纷纷推出绿色产品，如绿色客房、无烟楼层、绿色餐饮、绿色饭店。绿色饭店是以绿色营销为宗旨，以充分利用资源、保护生态环境为原则，从可持续发展的角度出发进行经营管理的饭店。从以下实例我们可以更多地了解绿色饭店。

3. 阿里巴巴在奥林匹克日的"绿色"营销

阿里巴巴作为奥林匹克全球合作伙伴，自 2017 年起将每年的 6 月 23 日作为运动日，也在北京冬奥后的第一个奥运节日，开启了绿色体育营销，用一个不同以往的视角进行全新的探索和尝试。

【新媒体案例】
奥林匹克日，阿里巴巴用绿色做可持续体育营销
（1）阿里营造新型绿色营销

随着消费者的成熟，他们消费理念从偏向产品功能的消费开始转变为情感和精神的消费。品牌要巧妙的抓住消费者这一理念的变化，通过爱心、环保、前瞻等颇受消费者认可的绿色概念，与品牌价值结合起来，并坚持传播这样的品牌价值，来实现打造有内涵的品牌，提升品牌影响力。

随着消费者可支配收入的不断增加，消费理念和消费质量随之升级，再加上之前消费习惯间接导致地球环境和自然资源遭到破坏已经对消费者追求美好生活构成了危害，消费者对新消费行为有了更高的要求，开始关注绿色环保的消费习惯。消费者关爱健康、追求更高品质生活，给品牌的绿色营销打下了坚实的基础。

尽管如此，大多数的绿色营销都停留在"作秀"层面，有用绿色海报发出倡议的、有微博转发点赞的、有减免促销的……像一阵风，热度过了就散了。一直以来支持绿色办奥的阿里巴巴，选择响应可持续的时代召唤，1894 年 6 月 23 日国际奥委会在巴黎正式成立，6 月 23 日是奥林匹克的重要节日，也是属于全人类的运动日，各个国家或地区奥委会都会组织不同的体育活动，以传递奥林匹克的精神与展现运动的魅力。

奥林匹克日这样的盛大节日，无疑是各路品牌与赞助商们瞄准的重要营销节点。选择将运动与低碳结合的绿色奥运营销，也正是阿里巴巴独具巧思的体现。奥运会吸引社会各界关注、动员大众参与的力量,与阿里巴巴设想的"参与者经济"之间,存在精神上的共鸣。在成为奥运会的长期赞助商后,阿里巴巴热情拥抱奥林匹克运动的精神,在普及运动的同时,也在探索绿色、参与、共享的企业文化建设,越来越多的年轻员工更注重工作与生活的平衡,运动成为一种生活方式。

欲寻求突破,必先寻求改变。阿里巴巴基于体育活动低碳风潮的转变,创新活动设计,让员工在参与奥林匹克日的运动时,还能为地球的可持续发展尽一份力,从而引发他们的关注和共鸣。

2017年6月23日,近万人参与了阿里巴巴在世界各地园区内举行的国际奥林匹克日庆祝活动。其中,杭州活动现场制作了能发电的地板,将员工健身跳操的动能变为电能,为活动提供照明。30米的地板,经过1小时的连续踩踏,可以供90瓦的电灯亮一整天,足够整个空间的全天照明。

未来伴随着可发电地板的持续使用和低碳理念的持续倡导,阿里巴巴的绿色运动或将影响更广泛的群体。在轻松愉快的体育活动中,不仅传承了奥林匹克精神的仪式感,更用科技和环保结合的方式,让更多的人群关注到地球可持续发展的重要性。

为迎接2024巴黎奥运会,阿里巴巴在巴黎办公室还特别邀请了法国的奥运选手带领员工一起运动,大大提升了全球员工环保行动的积极性。阿里巴巴正在"运动""减碳"和"参与"之间建立连接,营造新型的绿色工作环境和生活方式,并把这种企业文化向社会传递,为阿里巴巴的"参与者经济"聚集行动伙伴。

(2)"碳索"绿色奥运

这几年有一个热词,就是"碳中和"。

伴随中国政府宣布要在2030年前实现碳达峰,2060年之前全面实现碳中和,越来越多的企业开始积极响应,制定并发布了自己的碳中和战略和品牌发展目标,一时间,一个企业是否能够承担社会责任的重要指标,就是企业在碳中时代中的重要品牌价值。

阿里巴巴在世界各地园区内举行的国际奥林匹克日庆祝活动

【新媒体案例】

褚橙——一颗互联网的橙子

褚时健用18年时间成为中国"烟草大王",71岁在人生最高峰时锒铛入狱,保外就医后以74岁高龄再次创业,承包几千亩荒山种橙子,85岁时他的"褚橙"红遍大江南北,刮起一股橙旋风。

褚橙在营销上的成功让其不再仅仅是销售食品,而是销售不同人群的解决方案,这或许是企业所需要借鉴、学习的发展趋势。

2021年11月,聚划算首页主推褚橙(褚时健)、柳桃(柳传志)、潘苹果(潘石屹)三款水果的团购,上面这段话,是聚划算对褚橙品牌的解读。上线当天,褚橙销售8400多单,销售额75万;柳桃销售476单,销售额4.6万;潘苹果销售187单,销售额1.6万。结果几乎是几何级别的差距。

同样是以知名企业家命名的水果,为什么褚橙能够独树一帜？从内容营销的角度看,褚橙既有强大的内容基因,也有普世的营销之道,两者结合力量强大。

（1）强大的品牌故事形成自传播

品牌故事我们见过很多,但真正能打动人心的很少,因为大部分都是"造"出来的。在这点上,褚橙有着天然强大且不可复制的故事内容基因,因为今年88岁的褚时健就是这个品牌最好的代言人。

1979年10月,51岁的褚时健出任玉溪卷烟厂厂长,带领团队将陷于亏损的企业打造成亚洲最大的烟草帝国,用18年时间为国创造利税

991亿元,而他的工资总收入竟然不过百万。1994年,他被评为全国"十大改革风云人物"至此达到人生巅峰。1999年,71岁时因贪污被处无期徒刑,成为阶下囚。

2002年,褚时健因严重糖尿病获批保外就医,活动仅限家乡一代。回到家中养病的褚时健选择了二次创业:承包2000亩荒山,种植冰糖橙。那时,他75岁。

历经艰辛,2400亩荒山变橙园,从刚挂果时的无人问津到8年后风靡昆明的大街小巷。2012年,种橙第10年,与本来生活网合作,在电商路上一炮打响。昔日"烟王",今日变"橙王"。

这个强大的励志故事,让褚橙的流行变得理所当然。2012年,王石、潘石屹等企业家先后来拜访褚老,并在微博等社交媒体平台主动传播。媒体方面也纷纷开始关注起来,褚橙被大家亲切地称为"励志橙",而大量的曝光给褚橙带来了第一批忠实粉丝。

(2)主动拉拢年轻消费者

2013年11月16日,韩寒发了一条微博:"我觉得,送礼的时候不需要那么精准的……"附图是一个大纸箱,上面仅摆着一个橙子,箱子上印着一句话:"在复杂的世界里,一个就够了。"(韩寒创办的"一个"APP的口号)。

仅仅靠一个励志故事的自传播,并不足以打开市场。褚橙的内容营销同样遵循着寻常品牌的传播规律,需要更主动地向目标用户靠拢。

其实,当整个褚橙团队2013年需要做推广的时候,制定的一个策略就是把80后作为一个传播和消费主体,并制定了一整套广告文案和整个传播素材。比如用数字来表达个性化口感,推出个性化小包装,而且还配上了一些"走心"的话语,通过个性、幽默、娱乐的方式与年轻人互动,试图消解褚老个人故事所带来的沉重感,笼络更多的年轻消费者,这在2013年还是很少见的营销形式。

(3)顺时拥抱互联网

很难想象,一个八十多岁的人对互联网仍然可以如此敏感。从2012年借助电商渠道进入市场,到2015年搭上阿里巴巴这个顺风车,让产品销售更上一个台阶,88岁的褚时健对互联网有自己的认识,他说:"电子商务是一个建立在信用基础上的销售模式,更需要产品以质量和品质赢得市场才能创造利润,这推动我们必须认真做事、提升品质。"

"现在,互联网与工业和农业结合在了一起,加上我们都非常用心,所以我相信我们的合作,一定会给中国的农业带来积极的改变。"对褚时健来说,新的事物只是一个顺应时代的工具,而年龄丝毫不会成为接受和使用这个工具的阻力。

(4)极致的工匠之心

王石谈到褚时健的时候说,从褚老身上我看到了中国传统的工匠精神。

什么是工匠精神?在褚老身上表现得淋漓尽致。

为挑好肥料,一个八十多岁的老人蹲在养鸡场的地上,把臭得年轻人都不敢碰的鸡粪抓在手里捻一捻,看看水分多少、掺了多少锯末,他眼睛又不太好,几乎要把鸡粪凑在脸上!

在褚时健山上的房间里,堆了一大摞关于柑橘种植的图书,这十几年都被他翻得起了角,书里是密密麻麻的眉批、标注。

褚时健说,有太多的学问书里根本讲不到,所以要靠不断的摸索、实践,他经常下到地里,跟橙子"对话",一坐就是半个小时,了解株距、施肥、日照、土壤和水,就这样数十年,他现在对这些了如指掌。

可以说,褚时健在用工业的做法认真地改造农业,他也建立了一整套橙子种植的工业化体系。追求极致的工匠之心永远不会过时。在互联网时代,信息越来越透明,唯有好的产品才能有生存的空间,而极致的产品方能抵达人心。

87岁的褚时健历经沉浮,75岁再次创业,11载耕耘,最终结出10000亩累累硕果,成为大众口中的"励志橙"。一个优秀的创业者,不仅要有眼光和视界,还要有不舍不弃的毅力。

第三节 美妆界新媒体营销

一、美妆行业如何做好新媒体营销推广

随着生活水平的提高,人们具有更加多样化的物质需求,对个人的外表更加关注,也有了更高的要求。护肤品、化妆品等美妆用品逐渐成为人们日常的消费品,受众群体逐渐广泛,日常护理成为用户生活中的一部分。

我国美妆行业经过近10年的发展,也形成了规整的产业链,2018年化妆品年销售额就达到了2619亿元。同时,互联网的高速发展也给美妆行业营销和发展带来了更多的选择,提高了美妆产品的渗透率。

内容营销是在新媒体的环境下兴起的一种营销方式,是指以内容作为载体,通过内容营销提升品牌形象,使用户获得企业的相关信息。

在内容中融入企业信息进行传播,能够接触到更多潜在用户。用通俗易懂的话来说,就是让用户相信你的产品,并且乐于帮你宣传产品。

(一)内容营销的重要性

之所以排斥硬广告,是因为用户有着独立的思考能力,而内容营销是需要更多的用户参与进来,进行消费并分享,是品牌的口碑营销方式之一,且内容营销具有成本低、性价比高的优势。

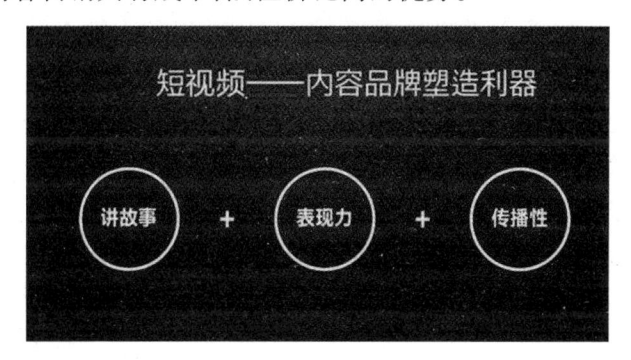

1.帮助企业吸引流量

优质的内容遇到优质的用户,彼此会互相吸引,由此形成传播裂变,用户会主动帮企业传播优质内容,这会影响到身边用户的购买决策。

2.与用户建立起关系桥梁

有价值的内容营销方式只要成功一次就会产生很大范围的裂变,能让美妆企业站稳脚跟,让用户具有参与感,帮助建立起品牌认知,树立品牌形象。好的内容都会被大家所关注,参与度是其中最关键的。也就是说,内容营销在传播的过程中与受众形成了一种微妙的关系,这种关系是强烈的、长期的,在无形中会提升品牌价值。

(二)美妆行业做好内容营销实操

美妆行业经过数十年的发展,受众群体广泛,男性群体也逐渐有化妆的习惯,其前景是可观的,营销方式也多种多样,但也有其痛点,品牌多样难以打出市场。那么企业该如何打破痛点呢?

1. 精准定位受众群体,抓住用户消费需求

在做内容营销前,要先了解美妆行业的目标受众以及用户需求,要清楚什么样的信息能让用户产生购买的欲望,以此去制定战略,去提升品牌形象,提高产品复购率。

美妆行业的受众群体主要是19岁到35岁的女性以及19岁到24岁的男性,主要分布在消费水平比较高的一、二、三、四线城市。因此,可以根据受众人群的区别来进行不同等级品牌的推广,比如白领上班族,具有一定消费能力,可以分享一些轻奢产品,对于学生或者是刚开始工作的人,分享一些比较平价且性价比高的产品。

2. 持续输出优质内容

美妆行业的优质内容主要是指提供的信息是消费者需要的,并且可以极大提高消费者提取信息的效率。同时,要注重信息的总结与提炼,提高整体阅读率,能让看到内容的消费者有所收获,让他得到需求的满足。

3. 产品要借助好热点进行宣传

流量具有碎片化的特点,在某个时间段某个产品、某首歌可能会突然爆红,这时候,就要借助好内容进行营销了。比如《热爱105℃的你》之前是屈臣氏为了蒸馏水的宣传而发布的,当时市场的反响平平,近期

由于翻唱,这首歌就火了,也带出了屈臣氏的蒸馏水,无形之中进行了产品宣传。

二、美妆界新媒体营销案例

诞生后3年多成功破圈的完美日记,其母公司逸仙电商已成功敲响纳斯达克的钟声,上市两日内,市值从70亿美元飙涨至133亿美元。据统计,逸仙电商在成立的4年里估值共计暴涨了130倍。

细数逸仙电商背后的明星推手,除了主销渠道天猫、多次重仓的高瓴资本之外,另一个值得一提的推手则是"小红书",外界也称完美日记为"小红书新品牌第一股"。

2018年,完美日记开始在小红书、抖音等内容平台走红。依靠大量生产优质内容KOL的分享和推荐,完美日记在小红书迅速树立了自己的品牌形象:高性价比、漂亮设计、强推广力及快速上新,收获了大量粉丝。这种效应外溢到电商平台后,带动了完美日记销售额的增长。

小红书上的"完美日记"官方账号有约200万粉丝,获赞与收藏超350万,相关笔记数据近30万篇。

值得注意的是,与完美日记在小红书做大量内容运营的2018年初时相比,小红书日活用户数增长超8倍,月活用户数增长近7倍。内容平台的变大,意味着它们将可以为更多"完美日记"的成长提供空间。

实际上,资本已经对下一个"完美日记"展开了"围猎"。

在这场争夺中孵化出众多新品牌,年轻用户聚集的小红书、B站等内容平台开始成为主要战场。

(一)完美日记养成之路

完美日记是典型的互联网品牌,即拥有庞大的电商销售渠道坐镇,与所有新品牌类似,彼时初出茅庐的完美日记面临着如何迅速扩大知名度的困扰。而作为一个彩妆品牌,完美日记的目标用户天然拥有年轻、爱美、时尚、女性等标签,众多社区里,70%用户是"90后"、近八成用户为女性的小红书成了最适合完美日记的平台。逸仙电商新零售事业部总裁冯琪尧曾对《棱镜》复盘完美日记最初的"开窍"过程:初创期间,团队观察到不少用户在小红书上发布品牌的试色和种草内容,引发全平台的热度和讨论。逸仙电商开始意识到彩妆内容形式推广的重要性,确定用优质内容引流的打法。最关键的时间节点出现在 2018 年 2 月,完美日记开始将小红书作为重点渠道运营,并加大了投放力度,随后其销量开始快速上升。此时,完美日记还没有抖音账号,微博也没有维护,而 B 站也并未进行运营。随后,完美日记配合上新周期,以及"618"、"双 11"大促、"双 12"大促以及年终大促等重要时间节点,在小红书上安排了大量笔记投放。从具体打法来看,完美日记将产品发售和大促预热集中在一个节点,通过在小红书投放打造爆款,并通过后续大促快速冲刺销量。此外,完美日记在小红书的投放,每个时期都集中在 2 个产品上,打造爆款的意图很明确。除了"人海战术",小红书还通过头部主播制造声量+腰部和尾部主播口碑传播的组合,帮助完美日记提升用户的购买转化。得益于众多 KOL 的高效分享,2018 年成为完美日记发展过程中颇具转折意义的一年。仅在小红书上,完美日记相关的搜索曝光量暴涨 12 倍,这直接刺激了销量,官方数据显示,2018 年"双 11",完美日记成为天猫美妆销售第一的国货品牌。

逸仙电商在内容营销上投入了大量的资金,招股书显示,截至 2020 年 9 月 30 日,与之合作的 KOL 有近 15 000 名,不仅包括 800 多个粉丝超过百万 KOL,更有大量具备长尾优势的普通 KOL。事实上,完美日记也是首个去代销体系的美妆品牌,采用 DTC 模式,即品牌直接触达消费者。在这个新模式下,小红书等社区生长着的大量 KOL 发挥了很大作用。复盘完美日记的破圈之路,不难看出,在孵化新品牌这件事上,内容社区的优势显而易见。

(二)新品牌的"冷启动装置"

究其原因,无非在于小红书等社区上存在海量高质量和年轻化的 KOC(关键意见消费者)和 KOL 的生态,他们不仅提供了高质量的内容,也十分了解粉丝们的消费痛点,比如一个眼影盘如何画出不同风格的眼影,"成分党"博主则能帮助用户分辨适合的肤质等等。这不仅能帮助好产品迅速获得消费者认可,KOL 的粉丝也很容易成为品牌粉丝。而作为种草社区,小红书不仅能助力产品和品牌获得用户的大范围认可,还能及时反馈新品存在的问题。正如互联网资深消费品牌分析人士雕

第六章 新媒体营销的应用领域

爷所言，这比找市场分析机构做调研和洞察更加精准，能够直接获得消费者的一手反馈。国货护肤品牌谷雨在 2018 年中组建了小红书运营组，随后一年多时间里，谷雨在小红书打造出多款明星产品，在扩大用户对品牌和产品认知的同时，谷雨也不断地从用户分享的笔记中提取意见，有针对性地改善产品。当发现用户对牛油果元素感兴趣后，谷雨快速推出一款仙人掌牛油果面膜，不到两个月就做成了爆品。

小红书已经成为大量年轻人获取生活方式相关信息的主要平台。此外，去中心化的算法令小红书长尾价值明显，即使是非头部的 KOL 也依然能够发挥自己的分享价值，影响一部分用户，这为新崛起的国货品牌塑造品牌力提供了可能。在 Colorkey 电商合伙人应绍烽看来，Colorkey 在小红书的口碑推广以图文形式为主，短视频可以在短期内带动销量增长，而图文内容则有明显长尾效应，只要用户对产品感兴趣，相关的内容就能持续长久地得到曝光。今年 3 月推出第一款产品、"双 11"销售额就超过 7500 万的新国货洗护品牌 AOEO，把投放的重点也放在了小红书，原因是 AOEO 创始人发现，在一些渠道用户停留时间较短，难以进行用户和品牌沉淀，而小红书是内容平台，用户更加理智，更爱思考，甚至愿意花时间认真阅读一些长文，这就适合推一些功效性的产品，更加有利于品牌的培养和沉淀，这对于致力于打造品牌的 AOEO 而言更加有帮助。除此之外，小红书自身也在努力搭建商业基础设施。在 Will 未来品牌大会上，小红书提出了"未来品牌"的概念，并给予 KOC、品牌提供百亿流量扶持，推出各类商业化产品和工具。其中，"四个一"工具聚焦在品牌赋能上（包括一张入场券"企业号"，它是解决用户对于品牌信任的入场券；一个放大器"品牌合作平台"，用大数据为品牌匹配最合适的 KOC；一个加速器，广告投放平台；以及一台拔草机，直播带货）。为了适应用户的浏览习惯，近年来小红书一直在加速从单一图文社区转向多元内容社区，发力视频内容，还正式推出电商直播业务，在视频领域进行全新的尝试。例如，完美日记在小红书做直播，不仅自家企业号会发直播预告，还会用一些 PGC 的资源同步预告信息，同时会把直播间作为新品首发的渠道。直播带货是近两年来电商领域最大的风口之一，大量平台试水。与大部分玩家不同的是，小红书的直播带货以专业和分享见长，更注重主播和用户之间的互动性，主播还会对产品进行多次、深度的体验。在这一过程中，主播和粉丝之间的关系更加紧密，粉丝对主播的信任也更深，无形中提升了购买转化。Questmobile

发布的数据显示,小红书直播的销售转化率达到21.4%,而小红书公布数据显示,一些直播间复购率达到了48.7%。

更大的优势在于,小红书的直播带货并非单纯依靠"全网最低价"这样的口号。基于平台用户追求时尚、良好的审美,小红书的用户更看重产品最终的功效,这也使得小红书直播的客单价要高很多,这些因素都在很大程度上加速了新品牌的成长。在今年天猫"双11",与小红书深度内容运营的花西子、Ubras、Colorkey、三顿半等多个新品牌,在12个小时内销售额就超过1亿。

(三)助推更多"完美日记"

不仅是"完美日记",护肤品牌谷雨、运动品牌MAIA ACTIVE玛娅、精品咖啡品牌三顿半等都将小红书作为其破圈的"始发站",获得了一定声量和销量。在与社区合作这件事上,品牌们的积极性很高。以运动品牌MAIA ACTIVE为例,它不仅积极投放笔记,还在小红书上通过对用户的调研,明确了用户痛点和产品更清晰的利益点,让用户参与品牌的共创。产品面世后,通过向小红书的博主寄送运动服,MAIA ACTIVE收获了大量的博主自发试穿报告,这些报告有来自专业健身达人的,也有来自健身博主的,从测评功能性和穿搭建议上,帮助MAIA ACTIVE抓住消费者心智。品牌态度如此积极的一个重要原因在于,小红书的流量虽然不是最大的,但却相对精准。谷雨市场总监游扬在接受采访时曾表示:"在其他大流量平台上,因为目标人群不是很精准,一个投放可能能覆盖一百万人,但能拉进来的用户,可能和在小红书上做个十万曝光拉进来的用户都不对等。对于我们来说,小红书上因为人群很精准,所以就可以放心地做曝光。"此外,针对新品牌,小红书已经沉淀了一套成熟的打法,让完美日记式的成功得以复制。例如:头部KOL造势、普通用户试用后的真实口碑传播,分层的品牌投放和推广计划,单品打爆的投放技巧,笔记种草便于品牌事后进行用户调查。

更重要的是,小红书平台及其用户都十分积极地与品牌共创,实现了资源和优势互补。例如,运动健身市场长期都被欧美品牌所主导,壮大了包括lululemon、阿迪达斯、耐克等一系列大牌,但这些品牌此前的主打人群都是欧美用户。而MAIA ACTIVE的明星产品"小腰精裤",就是在小红书上进行调研后发现亚洲女生的痛点和需求,针对亚洲女生腰身较长的身材特征研制,产品利用网纱和高强度布料的组合,在大腿到臀部的地方设计了一个"微笑曲线"。从 MAIA ACTIVE 等案例身上也能看到,平台和社区给予品牌的帮助更多是辅助,品牌能够成功孵化起来,核心的要素仍然是其产品力。事实上,也只有具备较强产品力的品牌,才能在小红书这类用户审美高、消费更加理性的社区上成长起来。完美日记式的成功并不是孤例。除了谷雨、colorkey、自然之迷等美妆护肤品牌成长迅猛,小红书的品牌赋能正在以美妆品类为原点,快速向时尚、家居家清、食品等多品类扩散,包括 simple pieces、7or9 等为代表的鞋服品牌,以王饱饱、云耕物作等为代表的食品品牌等,在年轻一代消费者中均建立了比较强的品牌认知,未来它们或有潜力成为所在品类的"完美日记"。

第四节　娱乐传媒界新媒体营销

一、传媒营销

传媒营销理念的发展,给传媒产品营销带来了开辟新天地的可能。本节介绍几种主要的营销方法。

(一)传媒产品直复营销

直复营销(简称直销)起源于美国。1872 年,华尔德创办了美国第一家邮购商店,标志着直复营销的诞生。直复营销,就是生产者直接面对消费者进行沟通、对话的营销,它本来是作为一种营销的渠道——零层渠道出现的,后来演变为一种全面、完整的营销观念。

直复营销兴盛的背景,与人们现代生活的剧变有关。现代家庭结构趋小,目标消费群已经非常细碎,批量型的营销日渐乏力;现代人们是一群更加重视时间的消费者,只有直销可以提供给人们节省时间的便捷服务,现代消费是一种选择性消费、互动式消费,直销中的目录提供为人们提供了主动掌控消费权利的机会。正是这样的变迁,才让直复营销"风生水起"。

直复营销的特点是，营销者与消费者形成互相作用的产品生产、营销体系；目标消费者的准确订单与精确反应；充分的双向信息交流；精准的营销效果测定；消费者得到良好的贴身服务。

直复营销通过以下途径与消费者沟通：一是利用、充实、更新好数据库，掌握好消费者的需要和偏好；二是记录好消费者订单，向消费者致谢；三是记住消费者值得纪念的日子，给他们一个小的惊喜；四是给老客户额外的信息；五是给潜在消费者远距离的提示；六是将消费者最新的要求当做新的利润看待。

今天，网络传媒成为直复营销这一理念最大的受益者，也是最大的营销商。这里有两条有趣而又真实的定律：根据网络逻辑的第一条定律——梅卡菲定律，网络的价值总和等于网络参与成员数目的平方，则加入网络的成员越多，所有成员所获得的价值越多。网络传媒的营销更是如此。

根据网络报酬递增定律，网络的价值会随着成员的增加而急速膨胀，价值上的膨胀又会吸引更多的成员加入，如此往复循环，报酬不会像其他物质商品一样递减，而会成倍地递增，这两条定律构成了网络新营销的基础。今天的亚马逊网上书店可以在全球一百六十多个国家开展购书服务，可以提供三百多万种书籍，每月有1200万人固定光顾，结盟合作伙伴达到26万家。这种直复营销方式借助网络可以神奇地找到所有的消费者，并了解他们的需要，与之建立特殊的对话、友情、民主关系。网络订单成为人们节约时间成本、享受上门服务的最好方式。

网络传媒中新闻排列的目录化、超文体链接以及搜索引擎的目标化，都在直销自己的新闻，甚至传媒已经开始了自动化的直销。互联网系统可以提供个人选择新闻的机会，自动进行新闻收集。未来人们可以根据自己的需求，订制只属于自己的个性化的电子报纸、广播与电视，真正实现"一对一"的直销。比如在电视中，节目单和频道将会消亡，消费者可以使用受控制菜单的屏幕来决定他要收看什么和在什么时间收看，人们不想看的广告会消失，广告信息会按人们的意愿出现。每个收视者与媒体互动的信息记录，会成为识别直复营销的信息源，在许多方面完全取代传统的观众服务。

第六章 新媒体营销的应用领域

（二）传媒多重营销

多重营销理念源于日本学者内山隆提出的多重交易模型。内山隆认为，按照价格歧视理论，在传媒市场中存在着多重市场的多重交易。比如在电视市场中，电视台按照各级市场中消费者的不同支付意愿、以差别价格依次向各级市场出售产品或服务，这里就有高付费服务（专门频道收费电视）、付费服务（有线收费电视）和零付费市场（一般的不收费电视）。

事实上，多重市场的形成不单是价格的因素，还存在一个传媒产品可以多重使用的特性。早在20世纪70年代，CNN的创始人泰德·特纳就开始在实践中发现这一特性并加以营销，取得了空前成功。当时，特纳只拥有一家制作少量节目的地方电视台——位于亚特兰大的第17频道。相比哥伦比亚广播公司（CBS）、全国广播公司（NBC）和美国广播公司（ABC）这3大无线广播电视"巨人"，刚刚起步的美国有线电视产业如同缺奶的"婴儿"让人不屑一顾。但特纳看到了其中的巨大商机，有线电视网络运营商急需节目，而他正可以利用电视产品的重复使用性和同时使用性，在多个地方同时销售自己的电视节目。于是作为专门的节目供应商，一个地方台制作的节目开始在全美各地有线电视网走红。1980年，特纳创办的全天候播发新闻节目的电视频道——CNN出现在人们面前，第一次实现了新闻节目24小时不间断地在全美、在全世界多重市场的多重营销。

多重市场的形成，也源于传媒消费者的需求多重性，不同的消费者有着不同的传媒消费需求。因此，传媒要尽可能在多重市场上营销产品，获得多重市场效益。多重营销体现在共时性上，就是在同一时间给消费者提供不同的产品（有人也称这一模式为模块营销，各模块在分区市场中具有独立性）。这就是今天多频道的电视节目、多个地域版本报纸出现的原因。

多重营销体现在历时性上，就是在一定时段内供给市场的传媒产品有一个"姓名"但有不同的"面孔"，也可以说是变身营销。过去的传媒产品总是一个面孔出现，一张报纸只有一种形式。而今天，一张报纸在一天之内可以分时间段，出上午版、下午版或者晚间版，可以既有纸质形式出现，也可以有电子版出现。这里的"变身"，也可以理解为"变脸""变性"。日本的《读卖新闻》《朝日新闻》每天都有朝刊、午刊和晚刊三个版本。

（三）传媒水平营销

传统的传媒营销正在经历着市场过度细分而造成的市场碎片化以及市场饱和的严峻挑战，在这种情势下，传媒水平营销应运而生。用科特勒的话说，水平营销就是创造一个新的市场，能够产生涵盖目前未涵盖的需求、情境或目标市场的创新性新产品或新服务，为创造新的类别或市场提供了很大可能性。

如果说把传统的细分式营销看做是一种纵向营销的话，那么水平营销就是一种横向营销，一种跨类别的新产品营销。我们看看下面的事例。今天的报纸市场可以说已经到了细分最小化的程度，从阅读者的年龄、性别、职业、地域到读报时间、偏好等，都有了种类繁多的报纸，这就是一种纵向营销的表现。而手机报纸、网络报纸的出现，则是融合了其他类别产品的横向营销，即水平营销。

这两者的区别有三。一是纵向营销是沿着一个固定方向的、分析性的、微观的营销，而横向营销是会产生方向的、启示性的、宏观的营销。二是纵向营销是对通过淘汰法排除了潜在市场之外的专一营销，横向营销更多的是对已知信息进行重组，通过更不具备选择性但更富探索性、可能性和诱导性的创新性营销。三是纵向营销并不改变市场的性质和范畴，横向营销则通过对新产品的改变产生新用途、新情境、新目标市场，开创新类型，从而重组市场。

纵向营销与横向营销当然不是天敌，它们之间可以相互补充。只有在纵向营销发展到多样化并日趋极致之际，才有横向营销的提出和充分发展；只有在横向营销出现之际，纵向营销才有新的发展空间和可能性。实现水平营销，就是选择一个焦点（关注的目标、要解决的问题）；通过横向置换（转换视角）以产生刺激，从而在空白点上建立一种新的联结，形成创新。主要有以下两个路径：

一是市场路径，可以改变市场中的某一个维度。此路径有 6 个"改变"：改变需求，涵盖另一个功能；改变目标，形成个体目标、多个目标或一个群体目标，主要是非潜在目标群体；改变时间，选择新时段；改变地点，将产品置于一个新情境之中；改变场合，将产品与某个事件相连；改变相关活动，将产品置于各种体验之中。

二是产品路径。将产品的元素进行分解，通过横向置换去除或改变其中的某些部分。此路径也有6个"改变"：去除，去掉产品或服务的一个或几个元素；替代，改变产品的一个或几个元素，也包括模仿其他产品的某些方面；组合，把一个或几个元素加到产品或服务中，其余保持不变；反转，对一个或几个元素进行反向思考或否定思考；夸张，扩大或缩小产品或服务的一个或几个元素，它也包括设想完美的产品或服务；换序，改变产品或服务的一个或几个元素的排列顺序。

（四）传媒口碑营销

口碑营销实际上是一种最古老的营销方式，在信息不完全、交通不发达的时代，人们在交换商品中往往通过口耳相传建立商品的声誉，即口碑，以达到商品畅销的目标。

口碑营销是基于市场中"口碑现象"的形成。人们在消费时无形中形成了一个看不见的网络，网络与网络之间存在着"口碑"——人们在特定时间内，相互交换对有关产品的所有意见和评论。按照"6级分离"理论或小世界理论，一个人和另一个陌生人之间的间隔不会超过6个人，任何人都可以联系得到，我们与许多小圈子或集团有着千丝万缕的联系。所以，人们的口碑意见很快会得到有力的传播。这一方式在工业时代渐渐被人们遗忘，广告宣传和促销成为人们的营销手段。神奇的是，进入今天的时代，口碑营销死而复生，产生了强大的生命力。这里有两个原因：

一是传媒进入了产品过剩时代，迪斯尼公司就宣称，其每一分钟就可以生产一部电影、一本书、一盘CD，在传媒产品的海洋中，人们出于对品牌产品及其信息、形象的反思，需要信得过的信息和建议，因此选择了口碑和社会网络来证实营销信息。

二是网络时代新技术和新的交流方式，方便了成千上万人就同一问题展开即时的交流、对话，从而形成一个比较准确的传媒消费经验。互联网的出现，让口碑的形成更加便利和迅速，人们更加注重根据口碑来消费产品。

口碑传播中的"网络枢纽"性人物，则是那些"意见领袖"，还有草根式的网络枢纽人物。比如消费者建立自己的批评网站，或在网络论坛、网络社区对专门产品进行评论,甚至对某一产品进行排名。据统计,2008 年国内的 79 家独立网站中,有八成以上拥有独立的社区,60% 的网民通过社区寻找解决问题的方案,33.5% 的网民消费行为受到社区论坛经验的影响。

美国营销专家罗森认为,口碑营销就是营销者利用"意见领袖"和互联网创建口碑,尤其是积极向关键性客户"种"下新产品的口碑。一个不满意的消费者会将他不满意的消费经验通过互联网告诉上万或上千万的消费者(网民)。美国 Hotmail 一开始推广网上免费邮箱服务时,就是依靠口碑营销而一举成功。每个注册用户所发送信件的对象,无疑就是口碑传播的对象,用户在自动为公司招揽新的用户。因此,这一服务在 18 个月间就有 1200 万用户注册。因为这一营销方式快速繁殖且深入肌体,人们又把它称之为"病毒性营销",即可以像病毒一样在网络间进行口头传播和营销。

传媒的口碑营销有三种。一是在互联网广告中使用口碑营销策略,开辟产品论坛、产品社区,给消费者充分发表意见和交流的平台,引发消费者的消费激情。二是传媒产品是最适宜口碑营销的产品,新闻报道、书籍、电影等具有感染力的产品,是真正创造"口碑"的产品。让消费者参与进来,共同交流,交换看法,与其中的人物一起思考、经历,或与虚拟中的人物互动,是创造"口碑"的有效途径。三是让消费者自我搜索、传递信息。传媒以此制造点击的排名与奖励,形成广泛的营销影响。

(五)传媒目标营销

传媒目标营销就是针对某一群体或某一个人的传媒产品营销。在市场细分的今天,传媒已经失去了过去上的"大众传媒"的概念,更多的是一个小众市场、分众市场甚至个人市场。因此,传媒营销也要从漫天覆盖的推广式营销转移到对接式的目标营销。

从类型上看,交通广播是一种最接近于汽车族的目标传媒,订户类型的期刊是最受消费者喜欢的目标传媒、目标营销的极致,是一对一营销,也就是定制营销。传媒消费者通过网络定制自己需要的内容和版式,每天可以阅读"我的报纸",观看"我的新闻"。

（六）传媒概念营销

传媒概念营销，是传媒发掘或发现一个新概念，以传媒内容或形式为载体，将这一新概念推广出去，借此营销传媒产品。概念营销也可以说是一种新理念的营销、新思维的营销，这一新概念是创新的，是可以延展的，是具有影响力和吸引力的新奇概念。

《新周刊》在这方面有比较成功的探索，多年来其除对一些重大事件的解读以外(如《中国不踢球》《改革开放20年全记录》)，更多的是对人们生活方式概念的解读，无论其点评城市魅力、批判电视，还是观察时代、分析阶层，都以生活方式作为切入点，形成与学界和业界不同的传媒视角或立场。专题《找个地方躲起来》《住得像个人样》《我反对》《有一种毒药叫成功》《生活方式创意榜》等，这些概念的提出与概念营销的推广，为《新周刊》赢得了"新锐期刊""先锋期刊"的美誉。

（七）传媒利基营销

传媒利基营销是一种避开强大对手、寻找市场缝隙中属于自己小块市场的营销方式。那些在竞争对手看来获利微小的，或者竞争力量最薄弱的小块市场，通常被人们称之为利基市场或补缺市场。今天，开辟和占据利基市场，成了一些传媒组织成功的营销之路。

一般来说，利基市场有区域市场、国内市场和国际市场的区别。一个国家范围内的某一利基市场也许看起来规模很小，但如果从国际或者全球的角度来看，它可能代表一个大规模的市场。目前，在网络传媒营销中，寻找利基市场，已经成为一种市场营销的捷径。

二、品牌栏目营销

媒体品牌不仅是一档成功栏目(或频道)的标志性"符号"和象征，同时也表达着传播机构对于受众的一种"诉求"，即希望该品牌在其目标受众中能够呈现出一种独特、稳定的形象，希望该品牌能够以一种简单易识别的个性化存在区别于其他品牌。

对媒体而言，为获得最大的市场份额，不可避免地要采取一定的营销策略与手段。这些策略与手段可以概括为三个部分：吸引注意力，强化竞争力和理顺客户关系。

（一）吸引注意力

营销竞争的实质就是对受众注意力的竞争。竞争的过程，就是媒体不断制造和向公众展示自身"卖点"的过程。美国传播学者施拉姆认为，传播内容被人们注意和选择的可能性（即"或然率"）与它能够提供给人们的报偿（价值）程度成正比，与人们获得它的代价（即"费力"）程度成反比。在现实中，凡是在市场营销中取得成功的媒体，都能够向受众及时提供贴近实际需求、品质较高的内容，而且受众可以用较低廉的代价和便捷的方式获得这种传播服务。这一观点对于帮助我们打开吸引注意力的思路不无启迪。

1. 凸显"必看"价值

可看性是传播内容进入市场的"敲门砖"，是吸引受众注意力最基本的要求，但仅有可看性是远远不够的，因为它意味着"可看可不看"。要想真正吸引注意力，必须凸显其"必看"的价值，对节目的内涵、外延进行极大地丰富和拓展，使之成为人们日常生活不可或缺的必备品。

媒体内容的哪些价值是引导受众必看的要素呢？中国人民大学舆论研究所做过的一次受众调查给出了答案：传播的内容必须是"重要的""丰富的""知识含量大的""有见地的"和"实用的"。将"可看"和"必看"两个要素结合起来，可以这样认为，一个具有"卖点"的内容产品应当"好看""有用""重要"，三者兼而有之。其中"好看"是形成传播吸引力的"躯壳"，而"有用"和"重要"则是构成市场竞争力的"灵魂"。

研究表明，受众在接触媒体时具有"有意注意"和"无意注意"两种状态，如果缺乏可看性支持，大量"无意注意"型受众会失去对传播内容的兴趣。因此，"好看"在吸引受众的初期注意时扮演着重要的角色。但仅有"好看"是不够的，缺乏"灵魂"的传媒是不会有多少市场竞争力的，自然也是很难获得受众青睐的。传媒所提供的东西必须是对人们

"有用"的,这种"有用"尤其应当表现在对社会发展重大现实问题的关注、对人民群众精神心态的价值认同和体贴上。

2. 降低收看"门槛"

传播内容又一个"卖点"是遵循"方便是金"原则。当一种产品能够方便地为人们所享用时,才能够成为"热销货"。在营销时代,是"传播产品(发行渠道、播出时间等)去找人",而不是"让受众辛苦费力地寻找他们感兴趣的传播内容"。

为此,在播出安排上,首先要优化时段安排,按照不同目标受众的收视习惯,将其对应的黄金时段依次分解为第一、第二、第三等细分的黄金时段,做到顺序性播出;其次要以固定化的播出和模式化栏目,构建与受众定期见面的"约会意识";再次是合理组织栏目与栏目、内容与内容之间的"帮衬、过渡"关系,一般以具有较强号召力的栏目或强档电视剧、综艺晚会为起点或过渡点,安排一些具有潜在实力的栏目随后播出,依靠收视惯性完成某类栏目群落的"整体售卖"。

(二)强化竞争力

现阶段,大多数媒体都实现了内部价值链的重组。重组后,节目生产部门被大大压缩,为制播分离、节目外包创造了条件,实现了由生产主导向营销主导的思维转变。但这种转变仅仅意味着营销的开端,营销的关键环节是强化竞争力。

品牌专家波特指出,强调产品的优势在于其全部或特定市场上能够做到的独特性或低成本。独特性和差异化,可以使媒体避免陷入同质化竞争的泥潭之中。较早开始频道差异化运作的当属湖南卫视。《快乐大本营》《玫瑰之约》两张周末娱乐牌的打出,使湖南卫视迅速抢占了周末娱乐节目的制高点。根据这两档栏目的观众特征,频道随即调整了目标观众的定位,相继推出《新青年》《音乐不断》等新锐栏目,年轻化、时尚化的频道形象日渐成型。与湖南相似,相当数量的媒体依托自办特色栏目辐射频道其他栏目,调整频道观众定位,最终发展成为全频道的竞争策略。例如,北京卫视、湖北卫视、安徽卫视、重庆卫视、浙江卫视等都在追求策略竞争力方面迈出了坚实的步伐。

然而,从竞争策略的差异提升到形成核心竞争力,还必须具备"买不来""偷不走""拆不开"三大特征。"买不来"即产品的不可交易性,虽然国内有些媒体已经开始购买国外传媒集团的一些品牌栏目,但仅仅是知识产权方面的规范运作而已,尚谈不到形成自己的核心品牌。"偷不走"即产品的不可模仿性,轻易被"克隆"的栏目不能构成核心竞争力,只能风光一时,而要持之以恒,必须具有持续创新能力。"拆不开"指资源的互补性,创造品牌的组织机构内部的各种资源是一个互补的平台,任何个人必须在组织机构中才能发挥作用,品牌的营销是这个组织机构整体效力之和。

综上所述,新知识的应用,才是构成核心竞争力的关键。无论是购买制作版权、创建品牌,还是创新机制、创新形态,都需要掌握新知识的优秀人才,需要通过他们的团队合作,把知识付诸实践。

(三)理顺客户关系

电视媒体面对的客户有两种,一是受众,二是广告商,对于市场营销而言,主要指后者。理顺客户关系,首先要理顺企业内部关系,让内部员工能够理解并接受"由外而内"思维方式的转变,并身体力行地促进这一转变。美国咨询大师亚德里安·斯莱沃斯基说:"你在内部营销上花的每一个美元和每一个小时对你的外部关系都会产生倍增的价值。"让员工理解、信任、支持是让客户满意的前提。第二步才是彻底理顺客户关系,要让客户感到更方便、更亲切、更果断。更方便就是当客户想做广告时,首先想到的是该媒体;更亲切就是努力营造媒体与客户之间的良好氛围,不是简单的、赤裸裸的金钱关系,否则客户将毫无忠诚度可言,遇到价格更低的媒体,便会投向别处;更果断就是以充分的说服力,让客户在最短的时间内做出购买决策。中央广播电视总台广告部认为,以客户为中心的理念,是广告经营的根本。央视广告要持续发展,应当根除以自我为中心的传统思维模式。近年来,中央广播电视总台广告部以客户为中心对内部进行了改造和整合,增加了客户服务、策略研究、品牌管理以及监测、顾问等部门,还建立了客户关系管理、营销信息支持和自动传真反应等三大系统,由内到外实现了良好的客户关系管理,使广告经营额连年攀升。

第六章　新媒体营销的应用领域

三、影视整合营销

（一）电影整合营销

1. 电影植入式广告

面临消费者注意力被其他新媒体分流以及电影业主要依靠票房收入生存的现状，电影业一直在整合营销的道路上摸索前进，试图找到一些切实可行的办法来拉长电影过去过于狭长的产业链条。摸索的结果就是在电影产业的上、中、下游分别出现了植入式广告、衍生产品、大电影发行等整合营销手段和战略，把电影的经济效应扩大到了所有可能涉及的领域，把单纯的一部电影变成了一个巨大的国民经济产业，把整合营销的触角延伸到了广告、产品、发行等方方面面。通过这些整合，电影成为容纳国民经济众多行业的平台，重新焕发了生机和活力。

植入式广告是将产品或品牌及其代表性的视觉符号战略性地融入电影内容中，通过场景、人物、故事情节等方法加以强调和再现，让观众留下对产品及品牌的印象，继而达到营销的目的。新兴媒体的冲击、消费者/受众的分化、广告过滤技术的发展、传统广告的"瓶颈"障碍以及特殊行业的广告需求让传统硬性广告的空间越来越小。一方面是媒体内容生产投资收益的下降，如电视剧、电影等，传统媒体内容运营商在积极探索新的盈利模式；另一方面是广告主在寻求更有效的广告传播模式。

广告主除了继续强化应用传统的硬性广告方式外，积极向媒介内容领域寻求新的载体，通过软性的方式传播企业、品牌、产品信息。于是广告信息与媒体内容信息相融合的"植入式广告"逐渐成为重要的广告方式。

产品标识和 LOGO 出现在电影中是电影植入式广告最常用的手法。当影片中的主人公和赞助公司的产品同时出现的时候，往往会出现一些持续时间较长的特写镜头。冯小刚的电影《天下无贼》把这个手法运用得炉火纯青：影片开头，刘若英色诱傅彪，刘德华手拿 DV 缓缓走近，镜头一直停留在 DV 屏幕——佳能数码摄影机的 LOGO 上；在寺庙中，刘德华偷了一大袋子手机，他拉开旅行袋，影片给出了特写镜头：每一个都是诺基亚手机。

产品名称直接出现在影片的台词中，也是常见的电影隐性广告手段之一。例如，电影《没完没了》中"路易十三"的那场戏：大伟喝醉了，抱着"路易十三"连睡觉都不放，大伟的哥们儿看他喝多了，问道："大伟想吐吗？"大伟抱着酒瓶说："想，那我也不吐，我舍不得，十三，路易的。"这段对白不仅诙谐幽默，符合大伟商人的本性，也为路易十三做了很好的广告。《变形金刚》中"汽车人"和"霸天虎"都想要找到山姆，当擎天柱带领着汽车人突然出现在山姆面前的时候，山姆吃惊地询问："你们怎么找到我？"擎天柱用电子混合男低音回答："ebay！"最少使用但却最有效果的植入式广告莫过于让产品成为电影的一个角色。为了配合《我，机器人》中的未来车战场面，奥迪公司专门设计了一款概念跑车 RSQ。《黑客帝国》是另一个经典案例：凯迪拉克跑车在影片中发挥了重要作用，尤其是"公路飙车"一场戏让我们实实在在地领教到了它性能的优越。《手机》中严守一的摩托罗拉手机成了推动故事进展的重要元素。《杜拉拉升职记》中泰国的旅游胜地芭提雅、《非诚勿扰2》中海南三亚的鸟巢度假酒店都成为电影中男女主人公情感出现转折性变化的场所，成为电影故事讲述非常重要的一个环节。

2. 电影衍生产品

2010 年 1 月，国务院办公厅发布《关于促进电影产业繁荣发展的指导意见》，要求大力推动我国电影产业跨越式发展，实现由电影大国向电影强国的历史性转变，第一次明确把电影产业提高到了战略产业的高度。《指导意见》为中国电影产业提出了七大目标和具体十大措施，可看作中国电影产业的"五年计划"。

在电影产业链中，电影衍生产品包括电影海报、音像制品、各类玩具、邮票、纪念品、电子游戏、服装、VCD 版权、家庭录像带等与电影有关的产品。在一些电影工业非常发达的国家，电影运作大都是围绕着策划、制作、宣传发行，直到对电影衍生品的开发，处于电影产业下游的衍生产品往往能得到比最上游的电影票房更高的回报。

电影的火车头效应如果运用得当，就能在产业链上生产出大量其他产品,以延伸电影的品牌和影响,达到名利双收的目的。与电影产业发达国家相比,中国电影在电影产品开发上已经远远地落在了后面。因此,如何吸取他人的先进经验,以拓展中国电影产业链,开发中国电影产业的盈利模式,是摆在国家电影管理当局、电影创作者和电影市场从业人员面前的一个紧迫任务。

3. 中国电影营销整合之路

经过近10年的发展,中国电影市场已经慢慢复苏,尤其是一系列商业大片的营销运作,使观众对国产影片重拾信心。中国电影整合营销的漫漫征程已经正式开启。除了借鉴好莱坞档期、宣传片、海报、媒体宣传、衍生产品等整合营销手段外,中国电影还在整合营销方面进行了大胆创新,实现了电影和企业的双赢局面,促进了中国电影的社会影响力,为中国电影的后续发展打下了坚实基础。

(1)电影贴片广告

1994年起,随着中影公司引进国外大片,电影广告崭露头角。杭州放映《真实的谎言》时,就有随片商业广告出现。1997年,新飞电器在进口大片《山崩地裂》的放映期间开创了电影贴片广告的先河。电影贴片广告是在电影放映前播出的企业广告。在电影院做广告既能俘获观众,又不会有太多的干扰信息,因此广告效应比电视台广告高。而贴片广告传播范围广泛,受众人群众多,对广告主来说也是一个有效手段。

(2)首映式等公关活动

电影首映式是一部大片最重要的宣传活动,演艺界明星、媒体和社会各界名流云集,是企业展示自我形象、进行公关宣传的绝佳机会。《英雄》《十面埋伏》《集结号》等大片的首映式无一不是推陈出新,成功地集聚了观众的注意力,也为电影和广告的传播奠定了良好基础。2008年12月正式启动的CCTV6《首映》栏目,在短时间内迅速获得电影人关注,成为国内唯一一档品牌化的大型电影庆典栏目,成功运作了《叶问》《梅兰芳》《南京!南京!》《建国大业》等一大批国产电影首映礼,成为中国电影营销的一道独特风景线。

(3)捆绑推广宣传

为了对电影进行宣传推广,片方会将影片的精彩画面、音乐剪辑成片花等影像资料、拍摄电影宣传海报,企业可以协商取得形象授权,利用这些视觉元素结合自身的宣传需要剪辑电视广告、制作平面、网络广告、产品包装等，用于形象宣传和活动促销。《夜宴》与东芝、《功夫》与玛雅、《十面埋伏》与方正、《满城尽带黄金甲》与长虹的合作开启了企业进入电影的时代，为电影的盈利开辟了新战场。

（4）主流商业大片的整合营销之路

2009年9月16日，《建国大业》在全国公映，影片上映当天就以约1500万元人民币创下了中国电影的半天票房纪录。其后三天票房总共达到8650万元，首周末票房约1.3亿元，打破了国产片的票房纪录，最后更用3000万的投入获取了4.3亿元的总票房，创造了中国主旋律电影的一个奇迹，更成为主流商业大片的一个成功范例，被广为研究、分析和借鉴。之后，中影集团采用类似的策略拍摄的《建党伟业》，上映1个月，票房收入也达到了3亿多。虽然没能突破《建国大业》的神话，但是对于一部主旋律电影来说，这个市场成绩已经摆脱了过去主旋律电影"两高两低"（首映式规格高、出席嘉宾职位高；观众关注度低票房低）的宿命，打了一个漂亮的翻身仗。在中国电影正在走向市场化、产业化的进程中，主流商业大片的成功经验自然值得我们很好地总结。

中国电影集团公司成立于1999年2月，是由原中国电影公司、北京电影制片厂、中国儿童电影制片厂、中国电影合作制片公司、中国电影器材公司、电影频道节目中心、北京电影洗印录像技术厂、华韵影视光盘有限责任公司等8家单位组成。中国电影集团是中国产量最大的电影公司，也是规模最大的国营企业，所以它在很大程度上既要保证企业营利，又要保证主流意识形态的宣扬。秉持着这样的方针，最近几年，中国电影集团既出品了《梅兰芳》《云水谣》《张思德》《建国大业》《建党伟业》这样以宣传为主兼顾商业的主旋律电影，同时也出品了《疯狂的石头》《投名状》《赤壁》《杜拉拉升职记》等一系列商业电影，使得中国电影集团成长为电影界的一个知名品牌。我们认真分析中国电影集团的成功元素就可以发现，其最大的亮点就是运用整合营销方式来进行电影的拍摄推广和发行。其旗下影片摆脱了过去创作、制片、发行、宣传各自为战的局面，在剧本编创阶段就已经开始考虑未来的商业运作模式，如贴片广告、植入式广告。在制作阶段，则通过全明星阵容等方式来进行品牌营销，利用名演员、名导演的市场号召力来拓展电影的生存空间。而在宣传、发行阶段，则通过跨媒体、多渠道的整合方式动用电视、电影、网络、户外等媒体来进行影片高密度、立体式的宣传，同时通过新闻、公关等形式来达到人尽皆知的效果,使得一部影片从单一的娱乐事件演变为社会事件,激起观众的观看欲望。例如,《建国大业》投资3700万元,其中宣传营销费用1000万元,发行费用1000万元,贴片广告达到了二十多个。

(5)微博营销

自从微博几年前在中国出现后,它就被迅速应用到电影的推广营销中,《西风烈》《让子弹飞》等电影都曾经使用这种形式进行影片的宣传,但是让电影人和观众见识到微博营销威力的却是一部小成本电影《失恋33天》。作为一部投资仅900万元的小成本国产片,《失恋33天》总票房突破了3.5亿元人民币。该片票房上的成功主要归功于营销手法的别出心裁:社交类网站、视频网站以及微博。仅以微博宣传的效果为例,微博上以"失恋33天"为关键词的微博高达560万条,电影官方微博的粉丝也突破了10万,很多观众在看片时也表示,自己进电影院看这部电影就是受到了微博的影响。

(二)电视整合营销

1. 优质产品营销

中国影视的发展态势已经由30年前的短缺经济过渡到过剩经济,媒介市场的主导力量也由过去的媒介生产者转向了媒介消费者。

当前,电视业进入了"营销时代"。在这样的背景下,仅有优秀的内容、合理的价格和积极的通路并不一定能给媒介企业带来成功。新的媒介产品不断涌现,新的媒介形式不断问世,旧的媒介产品不断边缘化,传统媒体面临整体下滑甚至退市的危险。如何在媒介消费者心目中保留一席之地?电视频道想要获得更大的市场份额,不仅要继续坚持"内容为王"的经营理念,同时还要关注受众的选择与需求,培育独特的媒体品牌,在复杂的媒体市场中独树一帜,这就需要"内容为王"与"品牌营销"齐头并进。纵观中国电视目前的发展现状,新产品开发、市场定位、受众细化和电视活动是电视整合营销运用最集中的领域。

2. 活动营销

在一个供大于求的市场中,电视媒介一方面面临的是惨烈的市场竞争,另一方面现实中能够吸引受众注意力的媒介资源是有限的。有限的资源、众多的对手、惨烈的竞争,这一切使得电视媒介走上了通过制造媒介事件来吸引观众的道路。湖南卫视、东方卫视、安徽卫视等之所以能够在近几年取得了瞩目的成就,就与其成功的营销战略密切相关。通过他们的营销战略不难发现,他们在进行事件营销的战略中,把体验经济的精髓融合到节目和营销过程中,既让观众得到了难忘的体验,也打造了电视台的美誉度。

四、娱乐整合营销

娱乐整合营销(Entertainment Co Marketing),就是借助娱乐的元素或形式将产品与客户的情感建立联系,从而达到销售产品或服务,建立忠诚客户的目的的营销方式。其最大的好处就在于可以实现"三位一体"与"互动"相结合,以感性诉求的方式攻破消费者内心,创造席卷消费者的视觉、听觉、味觉、触觉、感觉和思考,逐渐形成生动化的营销模式。

科翼传媒,其代表案例:《中国新歌声》《蒙面唱将猜猜猜》《奔跑吧》《极限挑战》《吐槽大会》《爸爸去哪儿》《十二道锋味》等。科翼传媒给自己的定义是"娱乐整合营销服务商"。在娱乐整合营销领域,科翼是《中国好声音》连续多季的娱乐整合营销服务提供商,也是《奔跑吧》连续多季的互联网营销公司。《我们相爱吧》中的"宇宙CP"(周冬雨&余文乐)正是科翼操刀的经典营销事件。凭借起伏不定的感情线,从最初的不被看好到最后拥趸众多,节目播放期间这对CP的热度一直居高不下。另外,他们还成功打造了《爸爸去哪儿4》安吉的"24K纯爷们",《中国新歌声》周杰伦的"小公举"等人物形象。成军五年来,科翼助力超过50%现象级节目创下收视奇迹。公司已完成全产业链整合,从一线卫视到线上视频大鳄,从权威媒体到超级自媒体全部打通。

神谷文化,其代表案例:《中国有嘻哈》《我们十七岁》《非凡匠心》

《这！就是铁甲》《欢乐喜剧人4》《脱口秀大会》。神谷文化尤其擅长新媒体营销、粉丝营销、事件营销等。成立仅短短两年，已获得市场广泛认可，他们操刀的项目，无论在话题热度上，还是口碑打造上都有着卓越的成绩。另外他们还长期服务于三星、华为、熊猫直播等知名品牌。值得一提的是，他们操刀了《中国有嘻哈》的全案宣传推广，包括新媒体全案营销和全案视觉物料制作。这一项目在2017年引发的轰动之大，远非一个"现象级"可以概括——节目上线3个月播放量已超25亿，霸占相关话题微博热搜榜超过300次，连续18天位居微博网络综艺节目实时榜榜首，就连小米手机拿下决赛夜唯一一条60秒中插广告也被业内称为"综艺营销分水岭"。

世纪鲲鹏，其代表案例：泸州老窖·桃花醉&《三生三世十里桃花》、法国娇兰&《欢乐颂2》、江小白&《火锅英雄》、携程旅行&《老九门》、凯迪拉克&《美人鱼》。成立于2005年的世纪鲲鹏，是中国第一家专注于影视剧商业植入整合营销的公司，在很多的大热剧中基本都有世纪鲲鹏的身影。借助国内在影视剧植入上更成熟的运作体系，以内容植入为基础，将产品和内容与角色的深度绑定，帮助品牌实现口碑和销量双丰收。作为2016年破百亿播放的现象级IP剧，《老九门》中"前方高能，正片来袭"的中插广告，经过多层次发酵之后促成了亿级传播；《三生三世十里桃花》中泸州老窖·桃花醉和《欢乐颂2》中法国娇兰的合作更称得上是该领域的标志性案例。

从社交平台到产品闭环，帮助品牌和内容方收割了大批注意力和好感度。专注于娱乐营销行业的广告公司完成了品牌和用户又一次更近距离的沟通与对话。

参考文献

[1]〔美〕罗伯特·瓦赫特著；郑杰译.数字医疗 信息化时代医疗改革的机遇与挑战[M].北京：中国人民大学出版社,2018.

[2]〔英〕基思·威利茨著；徐俊杰,裴文斌译.数字经济大趋势 正在到来的商业机遇[M].北京：人民邮电出版社,2013.

[3]〔英〕雷·海蒙德(Ray Hammond)著；周东等译.数字化商业如何在网上世界生存和发展[M].北京：中国计划出版社,1998.

[4]〔美〕简·麦戈尼格尔著,闾佳译.游戏改变世界[M].杭州：浙江人民出版社,2012.

[5]《提高你的"数字商"》编委会.提高你的"数字商"[M].上海：上海交通大学出版社,2015.

[6]Joseph Davies著；杨轶,苏啸鸣,吴超译.深入解析IPv6[M].北京：人民邮电出版社,2009.

[7]阿里巴巴商学院.内容营销 图文、短视频与直播运营[M].北京：电子工业出版社,2019.

[8]才书训等.网络营销[M].沈阳：东北大学出版社,2002.

[9]陈媛.大数据与社会网络[M].上海：上海财经大学出版社,2017.

[10]陈欢,陈澄波.新零售进化论[M].北京：中信出版社,2018.

[11]陈明亮.在线口碑传播原理[M].杭州：浙江大学出版社,2009.

[12]陈宇晨,王大中,吴建民,等.数字制造与数字装备[M].上海：上海科学技术出版社,2011.

[13]程晓,王敬.现代企业品牌运营与创新[M].广州：中山大学出版社,2007.

[14]崔振洪,姚伟.电子商务[M].北京：北京航空航天大学出版社,2008.

[15] 邓平,郑秀平.网络营销[M].上海:上海交通大学出版社,2008.

[16] 丁圣勇,樊勇兵,闵世武.解惑大数据[M].北京:人民邮电出版社,2013.

[17] 董德民,孟万化,等.电子商务[M].北京:中国水利水电出版社,2008

[18] 豆大帷.新制造"智能+"赋能制造业转型升级[M].北京:中国经济出版社,2019.

[19] 鄂尔多斯市畜牧业局达拉特旗农牧业局.数字经济概论[M].北京:科学出版社,2018.

[20] 冯冬莲,谭白英,等.旅游营销[M].武汉:湖北人民出版社,2000.

[21] 高长利,李伟东,郭春光.直播营销 互联网经济营销新思路[M].广州:广东经济出版社,2017.

[22] 勾俊伟,张向南,刘勇.直播营销[M].北京:人民邮电出版社,2017.

[23] 韩东亚,余玉刚.智慧物流[M].北京:中国财富出版社,2018.

[24] 黑马程序员.新媒体营销教程[M].北京:人民邮电出版社,2017.

[25] 胡伏湘,邓文达.计算机网络技术教程:基础理论与实践[M].北京:清华大学出版社,2004.

[26] 胡理增.网络营销[M].北京:中国物资出版社,2009.

[27] 胡小英.企业软文营销[M].北京:中国华侨出版社,2015.

[28] 吉峰,牟宇鹏主编.新媒体营销[M].徐州:中国矿业大学出版社,2018.

[29] 蒋宏,徐剑.新媒体导论[M].上海:上海交通大学出版社,2006.

[30] 焦瑾璞.普惠金融导论[M].北京:中国金融出版社,2019.

[31] 骏君.颠覆与变革 新媒体营销方法[M].广州:广东经济出版社,2016.

[32] 来罡.娱乐化营销[M].杭州:浙江大学出版社,2017.

[33] 李滨.品牌管理与推广[M].西安:西安交通大学出版社,2013.

[34] 李桂鑫,张秋潮.电子商务实战基础：新媒体营销实战 [M].北京：北京理工大学出版社,2019.

[35] 李丽.网络营销 [M].北京：经济管理出版社,2001.

[36] 李强,刘强.互联网与转型中国 [M].北京：社会科学文献出版社,2014.

[37] 李小红.网络营销 [M].北京：中国财政经济出版社,2001.

[38] 李拯.数字经济浪潮——未来的新趋势与可能性 [M].北京：人民出版社,2020.

[39] 李竹君.数据库管理系统应用教程[M].长沙：湖南人民出版社,2006.

[40] 梁海欣,江耀新,蔡若华.电子商务[M].北京：冶金工业出版社,2004.

[41] 林增学.旅游营销 [M].北京：高等教育出版社,2004.

[42] 刘蓓琳.网络营销 [M].北京：航空工业出版社,2009

[43] 刘兵.直播营销 重新定义营销新路径 [M].广州：广东人民出版社,2018.

[44] 刘东明.智能 +AI 赋能传统产业数字化转型 [M].北京：中国经济出版社,2019.

[45] 刘立丰,王超,王越.数字营销传播实务 [M].北京：光明日报出版社,2015.

[46] 刘品.品牌推广案例分析 [M].北京：中国纺织出版社,2004.

[47] 刘权.区块链与人工智能 构建智能化数字经济世界 [M].北京：人民邮电出版社,2019.

[48] 刘珊.大数据与新媒体运营 [M].北京：中国传媒大学出版社,2017.

[49] 刘亚军,高莉莎.数据库设计与应用 [M].北京：清华大学出版社,2008.

[50] 刘振安.计算机网络入门 [M].北京：人民邮电出版社,1996.

[51] 马化腾,孟昭莉,闫德利等.数字经济 中国创新增长新动能 [M].北京：中信出版社,2017.

[52] 马慧民,高歌.智能新零售 数据智能时代的零售业变革 [M].北京：中国铁道出版社,2018.

[53] 马文彦.数字经济 2.0[M].北京：民主与建设出版社,2017.

[54] 孟丽莎.网络营销[M].郑州：河南人民出版社,2005.

[55] 潘永刚,余少雯,张婷.重新定义物流产品、平台、科技和资本驱动的物流变革[M].北京：中国经济出版社,2019.

[56] 钱东人,尚晓春.网络营销[M].北京：高等教育出版社,2002.

[57] 邱均平,黄晓斌,段宇锋,陈敬全.网络数据分析[M].北京：北京大学出版社,2004.

[58] 任剑新.电子商务[M].武汉：武汉出版社,2001.

[59] 日本日经BP社编；艾薇译.黑科技 驱动世界的100项技术[M].北京：东方出版社,2018.

[60] 邵峰晶,于忠清,王金龙,等.数据挖掘原理与算法[M].北京：科学出版社,2009.

[61] 时启亮.网络营销[M].上海：同济大学出版社,2008.

[62] 史册.图解互联网金融[M].北京：化学工业出版社,2015.

[63] 史征.网络营销[M].杭州：浙江大学出版社,2003.

[64] 舒伯阳.实用旅游营销学教程[M].武汉：华中科技大学出版社,2008.

[65] 舒咏平.新媒体广告[M].北京：高等教育出版社.2010.

[66] 宋江龙.直播 移动互联时代营销新玩法[M].北京：中国经济出版社,2018.

[67] 宋文官.电子商务[M].北京：中国铁道出版社,2009.

[68] 孙川.开拓型品牌 品牌决策与管理决定企业和产品形象[M].北京：中国经济出版社,2006.

[69] 覃晓玲.新媒体冲击下的影视整合营销[M].北京：中国电影出版社,2012.

[70] 谭贤编.全微时代 微营销实战攻略[M].北京：中国铁道出版社,2015.

[71] 汤潇.数字经济 影响未来的新技术、新模式、新产业[M].北京：人民邮电出版社,2019.

[72] 汪玉凯,高新民.互联网发展战略研究[M].北京：学习出版社,2012.

[73] 王德胜.农产品营销[M].济南：山东人民出版社,2010.

[74] 王明华.农产品营销[M].北京：中国农业出版社,2001.

[75] 王少华. 网络营销 [M]. 西安：西安电子科技大学出版社, 2010.

[76] 王通. 搜索引擎营销秘笈 [M]. 北京：电子工业出版社, 2006.

[77] 王先庆. 新物流 新零售时代的供应链变革与机遇 [M]. 北京：中国经济出版社, 2019.

[78] 王小妮. 数据挖掘技术 [M]. 北京：北京航空航天大学出版社, 2014.

[79] 王一鸣, 黄毅. 数字经济 开启数字化转型之路 [M]. 北京：中国发展出版社, 2019.

[80] 文长辉. 传媒营销学 [M]. 北京：中国传媒大学出版社, 2011.

[81] 吴晨. 转型思维 如何在数字经济时代快速应变 [M]. 杭州：浙江大学出版社, 2020.

[82] 吴冠之. 网络营销 [M]. 北京：中国时代经济出版社, 2002.

[83] 吴晓波. 新零售 谁将被革命 [M]. 北京：中国友谊出版公司, 2018.

[84] 武奇生, 闫茂德, 王秋才, 等. 计算机网络与通信 [M]. 北京：清华大学出版社, 2009.

[85] 向登付. 短视频 内容设计+营销推广+流量变现 [M]. 北京：电子工业出版社, 2018.

[86] 肖凭, 文艳霞, 等. 新媒体营销 [M]. 北京：北京大学出版社, 2014.

[87] 谢希仁. 计算机网络 [M]. 北京：电子工业出版社, 2013.

[88] 谢彦君, 梁春媚. 旅游营销学 [M]. 北京：中国旅游出版社, 2008.

[89] 谢中伍. 网络营销 [M]. 苏州：苏州大学出版社, 2008.

[90] 熊仕平. 品牌战略与产品推广策划 [M]. 北京：中国经济出版社, 2003.

[91] 熊学发, 王旭. 网络营销 [M]. 武汉：武汉大学出版社, 2008.

[92] 熊元斌. 旅游营销策划理论与实务 [M]. 武汉：武汉大学出版社, 2005.

[93] 徐立新. 计算机网络技术 [M]. 北京：人民邮电出版社, 2012.

[94] 徐孝凯. 数据库技术基础教程 [M]. 北京：清华大学出版社, 2004.

[95] 许国柱. 电子商务 [M]. 广州：广东高等教育出版社, 2008.

[96] 严国辉,陈柏良.电子商务[M].北京：北京理工大学出版社,2008.

[97] 晏志谦.农产品营销[M].成都：西南交通大学出版社,2008.

[98] 阳翼.数字营销传播 思维、方法与趋势[M].广州：暨南大学出版社,2015.

[99] 杨华钢.受众为王 数字时代的电视频道品牌营销战略[M].北京：中国广播电视出版社,2007.

[100] 姚建明.数字经济规划指南 聚焦数字化转型[M].北京：经济日报出版社,2020.

[101] 易高峰.数字经济与创新管理实务[M].北京：中国经济出版社,2018.

[102] 俞立平.电子商务[M].北京：中国时代经济出版社,2006.

[103] 俞立平.网络营销[M].南京：东南大学出版社,2009

[104] 袁国宝.新基建 数字经济重构经济增长新格局[M].北京：中国经济出版社,2020.

[105] 袁静,顾欣,孔德友,吴海燕,王辉,司清海.数字医疗信息技术[M].石家庄：河北科学技术出版社,2013.

[106] 袁声莉,杨申燕,何国正,杨凤阁.网络营销[M].武汉：武汉大学出版社,2004.

[107] 张兵武.化妆品品牌营销实务[M].广州：南方日报出版社,2003.

[108] 张君昌.传媒品牌创建与营销[M].北京：中国广播电视出版社,2008.

[109] 张矢.网络营销[M].重庆：重庆大学出版社,2004.

[110] 张淑琴.网络营销[M].北京：中国科学技术出版社,2008.

[111] 赵瑞旺,胡明丽.搜索引擎营销[M].北京：科学技术文献出版社,2015.

[112] 赵云."互联网+"农产品营销[M].北京：中国农业大学出版社,2016.

[113] 中公教育优就业研究院.网络营销实战派 玩转新媒体营销[M].北京/西安：世界图书出版公司,2017.

[114] 中国信息化百人会课题组.数字经济 迈向从量变到质变的新阶段[M].北京：电子工业出版社,2018.

[115] 钟红阳.智慧医疗[M].沈阳：辽宁科学技术出版社,2014.

[116] 周高云,齐建朋,方永耀.共享新零售[M].北京：中国商业出版社,2019.

[117] 周慧敏.一句话打动消费者 软文营销实战写作与案例分析[M].北京：中国铁道出版社,2015.

[118] 周亮.搜索引擎营销向导[M].北京：电子工业出版社,2012.

[119] 朱明侠,李盾.网络营销[M].北京：对外经济贸易大学出版社,2002.

[120] 朱晓明.走向数字经济[M].上海：上海交通大学出版社,2018.

[121] 徐莉娟.基于受众特征的手机广告传播策略研究[D].湖南：湖南大学,2012.

[122] 方冰.基于社会化媒体营销的品牌内容传播[D].北京：中国科学技术大学,2010.

[123] 韩永丽.国内社交媒体营销现状及发展趋势研究[D].郑州：河南大学,2014.

[124] 李欣.高科技品牌广告效果影响因素实证分析研究[D].济南：山东大学,2009.

[125] 李震.基于AISAS模式的社会化媒体营销研究[J].技术与创新管理,2012（4）.

[126] 刘英葭."游戏"理论视角下的网络互动性广告创意研究[D].上海：上海师范大学,2013.

[127] 宋鑫.新媒体环境下的广告创意研究[D].郑州：郑州大学,2011.

[128] 吴玉玲.从传播学角度看LBS的商业应用困境和出路[D].上海：华东师范大学,2012.

[129] 肖维.社会化媒体口碑营销传播模式研究[D].武汉：武汉理工大学,2012.

[130] 薛雯雯.社会化媒体营销创新模式研究[D].北京：北京邮电大学,2011.

[131] 陈思羽,姜东波.新媒体广告：盛装人宴时的冷思考[J].视听课,2009（5）.

[132] 方兴东,张静,张笑容.即时网络时代的传播机制与网络治理[J].现代传播,2011（5）.

[133] 胡月.新媒体环境下中国广告业的发展现状及发展前景研究[J].科技资讯,2013（11）.

[134] 黄妍.新媒体广告形式的优劣势—以网络广告来例[J].今传媒,2012（4）.

[135] 孔敏.游戏置入式广告的定义、分类和效果研究[J].广告大观（理论版）,2007（5）.

[136] 孔岩.新媒体冲击下的广告传播策略[J].视听界,2010（3）.

[137] 刘翔宇.试论新媒体在当代广告发展中的作用[J].新课程（下）,2014（2）.

[138] 吕珂.新媒体环境下市场营销的有效策略探析[J].中国传媒科技,2017（12）.

[139] 孟秀燕.论新媒体时代下企业营销方式的转变[J].市场周刊（理论研究）,2014（1）.

[140] 孙熠.新媒体时代品牌营销的传播策略[J].新媒体研究,2017（3）.

[141] 王俊文.新媒体时代企业市场营销策略研究[J].现代营销（下旬刊）,2016（2）.

[142] 徐迪,夏伍.新媒体营销的特点及营销策略研究[J].中国经贸,2015（13）.

[143] 张艳.传播学视角下即时性营销模式与战略实现——以微信营销为例[J].中国出版,2013（8）.